AF524781

Manfred Bender

Schwetzingen

Wasserburg, Jagdschloss und Sommerresidenz der Kurfürsten von der Pfalz

Friedrichsfeld
HEIDELBERG
Relaishaus
Eppelheim
Plankstatt
Kirkheim
SCHWEZINGEN
Rohrhof
Fasanerie
Brühl
Entenfang
Brachhausen
Oftersheim
Sandhausen
Ketsch

Manfred Bender

Fantastische Impressionen
aus einer fernen Zeit

Schwetzingen

Wasserburg, Jagdschloss und Sommerresidenz
der Kurfürsten von der Pfalz

verlag regionalkultur

Inhalt

Gedanken zuvor

Nichts bleibt so, wie es war … diese alte Volksweisheit kommt uns in den Sinn, denken wir an Schwetzingen und die alte Kurpfalz. Wir erfreuen uns am Charme und der Lebendigkeit der kleinen Residenzstadt zwischen den kurpfälzischen Hauptstädten Heidelberg und Mannheim. Die imposante Schlossanlage beeindruckt uns durch ihre freundliche Farbgebung und die gut erhaltenen lebhaften Baugruppen. Der große Park zählt zu den bedeutendsten historischen Gartenanlagen Europas. Die Harmonie zwischen beiden lässt uns wie von selbst an Goethes Worte denken:

„Natur und Kunst, sie scheinen sich zu fliehen,
und haben sich, eh' man es denkt, gefunden.
Der Widerwille ist auch mir entschwunden
und Beide scheinen gleich mich anzuziehen".

Doch das Gesicht, welches uns Stadt, Schloss und Garten heute zeigen, wird von der Bautätigkeit der jüngeren pfälzisch-badischen Vergangenheit geprägt. Nur das aufmerksame Betrachten der Schlossanlage lässt uns richtig vermuten, dass das Schloss viel älter sein muss. Wehrhaftes Mauerwerk, gotische Fenster und schräge Wände wollen so gar nicht zur heiteren und geordneten Architektur des barocken Schlosshofs passen. Überall finden wir solche architektonischen Spuren, die vergangene Epochen am Schlossbau hinterlassen haben. Auch in seinem Innern erzählen uns alte Balken, vermauerte Fenster und ausgetretene Treppenstufen von uralten Zeiten und den Menschen, die im Schloss gewohnt und gearbeitet haben.

Schon mehrfach wurde die Baugeschichte des Schlosses von der mittelalterlichen Wasserburg über das Jagdschloss der Renaissancezeit bis zur barocken Sommerresidenz wissenschaftlich erforscht. Doch diese Arbeiten waren immer mühsam und blieben unbefriedigend. Unsere kurpfälzischen Vorfahren haben nur spärliche schriftliche Informationen über das Schloss hinterlassen, auch Bilder oder Zeichnungen gibt es keine. Außerdem haben zwei Kriege mit ihren Zerstörungen und den damit einhergehenden Wiederauf- und Umbautätigkeiten das Schloss und seine unmittelbare Umgebung immer wieder entscheidend verändert. Nur umfangreiche Grabungsarbeiten im Umkreis des Schlosses könnten uns hier vielleicht Aufklärung über seine frühere Gestalt geben. So manche Überraschung würde sicherlich auf uns warten – aber wer soll das bezahlen …?

Dieses Buch soll eine Auswahl von „Fenstern“ sein, die uns staunend in längst vergangene Zeiten blicken lassen, auch in Erinnerung an all die Menschen, die damals gelebt haben. Es soll mit zauberhaften Stimmungsbildern die bewegte Baugeschichte des Schwetzinger Schlosses wieder erlebbar machen, soweit dies die Erkenntnisse der bisherigen archäologischen und historischen Forschungsarbeiten zulassen, frei nach den Worten des Schriftstellers Gabriel Laub:

> *„Nur die Kunst gibt uns die Möglichkeit, etwas zu sagen und zu zeigen, was wir nicht wissen.“*

Heiter-besinnliche Texte begleiten uns beim Blick durch die Zeitfenster – fantastische Impressionen aus einer fernen Zeit.

Manfred Bender

Geleitwort

Schwetzingen ist ohne sein Schloss und den prächtigen Schlossgarten undenkbar. Über Jahrhunderte ist dieses Gesamtkunstwerk entstanden, war in seinen Anfängen erst Burg, dann Schloss, wurde durch Kriege zerstört, wieder aufgebaut und im 18. Jahrhundert von den Kurfürsten Johann Wilhelm, Carl Philipp und Carl Theodor zu einem ganz besonderen Kleinod umgestaltet.

Der Autor Manfred Bender, Grafiker und Mediengestalter, wendet sich in der hier vorliegenden Veröffentlichung der Entstehungsgeschichte hauptsächlich des Schlosses in besonderer Weise zu, indem er fotorealistische Collagen mit viel Herzblut entstehen lässt. Um die Bausubstanz über die Jahrhunderte möglichst genau wiedergeben zu können, studierte er die Fachliteratur und bezog Fachkundige in seine Gestaltung mit ein. Für die früheste Baugeschichte des Schlosses im 14. und 15. Jahrhundert sind kaum Quellen vorhanden, sodass nur mehr einzelne noch vorhandene Bauteile Auskunft über das mögliche Aussehen des Schlosses geben können. Da man schlichtweg nicht weiß, wie das Schloss in dieser Zeit ausgesehen hat, bleibt die Darstellung immer auch ein Stück Fiktion, was der Autor mit dem Titel der Schrift „Fantastische Impressionen aus einer fernen Zeit“ ausdrückt.

Die bis ins kleinste Detail atmosphärisch ausgearbeiteten 60 digitalen Rekonstruktionen folgen chronologisch der Baugeschichte des Schlosses, der Entstehung des Schlossgartens und der baulichen Entwicklung des Dorfes Schwetzingen hin zur kurfürstlichen Sommerresidenz, wobei die einzelnen Bauepochen den Regierungszeiten der jeweiligen Kurfürsten von Ruprecht I. bis zu Carl Theodor zugeordnet werden.

Durch die ergänzenden Bildbeschreibungen werden die Leserinnen und Leser wie auf einem Spaziergang durch die Jahrhunderte mit der Geschichte dieses Ortes und den handelnden Personen vertraut gemacht. Wie in einem historischen Roman lernen sie Figuren der Vergangenheit oder auch erfundene Charaktere kennen, die sie auf dem Weg durch die Zeit begleiten.

Manfred Bender ist ein Werk gelungen, das den nüchternen Blick der wissenschaftlichen Betrachtung aufbricht und mit Leben erfüllt. Auch wenn die eine oder andere Darstellung nicht in jedem Detail dem derzeitigen historisch gesicherten Kenntnisstand entspricht, kann man sich durchaus ein gutes Bild von „fernen Zeiten“ in der kurfürstlichen Sommerresidenz machen.

Schwetzingen, im Herbst 2023

Joachim Kresin
Stadtarchiv Schwetzingen

Solange wir uns die Gabe erhalten, Schönes zu entdecken, solange werden wir nicht alt werden.

Franz Kafka

Leben am Leimbach

Am Beginn unserer Zeitreise durch die Baugeschichte des Schwetzinger Schlosses stehen wir an einem Herbstmorgen des Jahres 1325 am Ufer des Leimbachs und lauschen verträumt in die Vergangenheit. Interessiert schauen wir hinüber auf das Dorf mit der bescheidenen Feste, die einer niederadeligen Familie als Wohn- und Herrschaftssitz dient. Der vor uns liegende Landstrich zwischen Rhein und Odenwald ist uraltes Siedlungsgebiet unserer Ahnen und geprägt vom ständigen Wechsel vieler Kulturen und Herrschaften. Zahlreiche archäologische Funde geben Zeugnis aus der Vor- und Frühzeit menschlicher Besiedelung. Später prägten die Römer unsere Landschaft und brachten den Wein und den ersten Spargel mit. Doch erst zur Zeit der Karolinger formte sich langsam das politische und gesellschaftliche Gesicht unserer heutigen Heimat. Die großen Adelsfamilien, die Bischöfe von Speyer, Worms und Mainz, sowie das mächtige Kloster Lorsch bestimmten für lange Zeit Politik, Wirtschaft, Kultur und Religion am Rhein. Die stete Konkurrenz zwischen diesen Kräften führte allerdings zu ständigen kriegerischen Konflikten und einem leidvollen Wechsel zwischen Aufblühen und Niedergang. Die folgenden „Zeitfenster“ dieses Buches geben einen erstaunlichen Einblick in diesen dramatischen Wandel, in den das Leben unserer Vorfahren stets eingebettet war.

Pfalzgraf und Kurfürst Ruprecht I. • 1329–1390

Die frühe Wasserburg

Durch unser erstes Zeitfenster schauen wir an einem frühen Morgen des Jahres 1380 hinüber zur Wasserburg Schwetzingen. Es ist die Regierungszeit Kurfürst Ruprechts I. Sechs Jahre später wird er die Heidelberger Universität gründen. Seit 1220 ist die Burg nun schon im Besitz der Pfalzgrafen, die sie dem ansässigen Ortsadel zum Lehen gaben. 1350 räumt Elisabeth von Schönenberg, Witwe des Hennel von Erligheim, ein Öffnungsrecht der Burg den Pfalzgrafen ein. Im Nebel des frühen Morgens scheint die Burg über den Wasserflächen und feuchten Gräben des Leimbachs, der sie allseitig umfließt, still vor sich hinzuträumen. Nichts lässt ihre Gestalt in späteren Epochen auch nur erahnen. Einzig die rustikalen Mauern des Bergfrieds sowie die Sandsteine der Umfassungsmauern werden uns durch die Jahrhunderte begleiten. Die Burg ist zu dieser Zeit, dank ihrer günstigen Lage im Straßennetz des Landes, ein befestigter militärischer Stützpunkt in einfachen und doch schmucken Bauformen. Ihre Lage am Rande des Hardtwaldes, in gebührendem Abstand zum Dorf und seiner Bewohner, macht die Burg auch zum idealen privaten Rückzugsort ihrer fürstlichen Besitzer.

Kurfürst Ruprecht III. – Deutscher König • 1398 – 1410

Die Wasserburg von Osten

Ruprecht III. war zehn Jahre lang deutscher König gewesen. Sicher hatte er hohe Gäste aus Politik und Kirche zu Gast auf seinem Schloss in Heidelberg. Die Schwetzinger Burg diente ihm dabei wohl als Rückzugsort für vertrauliche Gespräche und gesellige Jagdausflüge.
Zu Beginn des 15. Jahrhunderts war die Schwetzinger Burg noch pfalzgräfliches Lehen der Herren von Erligheim und der Swicker von Sickingen. Zwischen 1427 und 1435 gaben die Kurfürsten das Schloss dann nicht mehr zu Lehen aus, sondern nutzten es selbst. Die Burg wandelte sich dabei vom wehrhaften Adelshof zur Nebenresidenz. Die bescheidenen Wohntrakte ersetzte man durch einen repräsentativen Palas mit steinerner Kemenate und Kapellenraum. Außerdem erhielt die Burg neben ihrem alten Zugang auf der Ostseite ein zweites Tor mit Zugbrücke auf der Südseite. Der kleine Innenhof war für den zunehmenden Wagenverkehr zu eng geworden, sodass man sich mit einem neuen Burgtor mehr Luft verschaffte. Vom Tor und vom Wehrgang herunter werden wir gerade vom Wachpersonal beobachtet. Vielleicht ist es besser, wenn wir uns erst mal die Südseite der Burg ansehen.

Wir wissen, dass wir alle Vorläufige sind,
und nach uns wird kommen nichts Nennenswertes.
Bertolt Brecht

Die Wasserburg von Süden

Nach kurzem Spaziergang durch einen schönen Obstgarten haben wir den Leimbach überquert und stehen nun im Hof eines stattlichen Wirtschaftsgebäudes. Von dort schauen wir auf die Südseite der Burg und bewundern die neue Zugbrücke. Einladend steht das Burgtor offen, aber wir üben uns lieber in sicherer Zurückhaltung. Schön lassen sich die einzelnen Bauteile der Burg ihrer Funktion zuordnen. An der rechten Ecke sehen wir wieder den Bergfried, der wehrhaft über die ganze Burganlage wacht. Daran schließen Wirtschafts- und Wohngebäude an, die, den gestiegenen Bedürfnissen entsprechend, neu ausgebaut und aufgestockt wurden. Dazwischen hat man Platz geschaffen für das neue Burgtor zum Innenhof, das von einem Wehrgang bewacht wird. Alle Bauteile der Burg ruhen auf einem Geviert aus trutzigen Sandsteinmauern, das von einem Rost aus Eichenholzpfählen getragen wird. Umgeben von den feuchten Gräben und Wasserflächen des Leimbachs träumt die Burg in Ruhe und Geborgenheit im warmen Sommerwind. Sie kann nicht ahnen, dass Generationen später nur noch bescheidene Reste aus Stein und Holz von ihr erzählen werden.

Kurfürst Friedrich I. der Siegreiche • 1449 – 1476

Burg und Dorf von Westen

Unser nächstes Zeitfenster lässt uns an einem warmen Spätsommertag auf die Westseite der Burganlage blicken. In der Ferne grüßen die Berge des Odenwaldes zu uns herüber. Hinter der Wasserburg, die sich unter der Regentschaft Kurfürst Friedrichs I. in ein Jagdschloss gewandelt hat, verstecken sich die Häuser des Dorfes Schwetzingen mit der kleinen St. Pankratiuskirche. Er war es auch, der erstmals Flächen für einen fürstlichen Lustgarten bei der Burg erwarb. Deutlich können wir wieder die beiden Baugruppen der Burg innerhalb des wehrhaften Mauergevierts erkennen, die durch Wehrmauern miteinander verbunden sind. Auf der rechten Seite der Südbau mit den Wirtschaftsräumen, auf der linken Seite eine steinerne Kemenate mit dem dahinterliegenden herrschaftlichen Wohnbereich. Neugierig schauen zwei Treppenhäuser mit ihren Turmspitzen über die Mauern des Burghofs in die weite Landschaft. Die Wiesen und Auwälder der Rheinniederungen bei Ketsch und Brühl sind legendär für ihren Wildreichtum. Im Jahr 1492 erlegte Kurfürst Philipp der Aufrichtige den letzten Bären im Schwetzinger Hardtwald. Zwei Tatzen schickte er, schön in Geschenkpapier eingewickelt, Kaiser Maximilian I.

Burg von Norden

Am Schluss unseres Rundgangs um die Wasserburg des 15. Jahrhunderts sind wir an seiner Nordseite angekommen. Hier umfängt uns an einem milden Herbstabend die ländliche Ruhe des Bauerndorfes, und der Leimbach verabschiedet sich rasch dahinfließend vom Burgbereich. Es ist genau die Stelle, an der wir heute so gerne im „Blauen Loch" gemütlich bei einem guten Bier sitzen. Eine repräsentative und zugleich bescheidene Architektur bestimmt diese Seite der Burg. Links erhebt sich über der mächtigen Wehrmauer der fürstliche Bau mit Wohnbereich, Festsaal und zierlichem Sakralraum. Darunter verrät uns ein zeittypischer Runderker, dass man außer Essen, Trinken und Jagen auch noch andere menschliche Bedürfnisse hat. Außerdem können wir hier gut erkennen, dass die Westseite des ansonsten rechteckigen Mauergevierts schräg verläuft. An der Westecke sehen wir wieder die Kemenate mit ihrer Dachterrasse, die zum Flanieren und zu vertraulichen Gesprächen einlädt. Ihr großer Kamin sorgt im Winter für behagliche Wärme in ihrem holzgetäfelten und mit floralen Malereien dekorierten Innenraum.

Kurfürst Ludwig V. der Friedfertige • 1508 – 1544

Blick auf Schwetzingen von Westen

Unser nächstes Zeitfenster führt uns mitten hinein ins 16. Jahrhundert. Es ist eine große und auch bewegte Zeit, in der die Ereignisse der beginnenden Reformation sowie neue naturwissenschaftliche Erkenntnisse ebenso wie die schrecklichen Bauernkriege und die damit einhergehenden Plagen wie Kriegsgreuel, Seuchen und Hungersnöte Gesellschaft und Politik bestimmen. In der Pfalz regiert in der ersten Hälfte des Jahrhunderts Kurfürst Ludwig V. Er konnte erreichen, dass sein Land nach vielen kriegerischen und diplomatischen Niederlagen wieder seine alte, bedeutende Stellung im Reich zurückerlangte. Um seiner neuen politischen Bedeutung auch architektonischen Halt zu geben, entfaltete er in seinen Residenzen eine reiche Bautätigkeit. Das Heidelberger Schloss ließ er zu einer mächtigen, modernen Festung ausbauen, um den neuen Entwicklungen in der Wehrtechnik entgegentreten zu können. In Schwetzingen wurde die Burg an ihrer Nordseite um einen neuen Renaissancepalast mit zwei Türmen erweitert sowie die bestehenden Bauteile erhöht.
Bei unserem Blick über die Wiesen und Felder auf Schwetzingen wird deutlich, wie sehr Schloss und Dorf nun für die Kurfürsten an Bedeutung gewonnen haben.

Wir all' seynd doch nur Bettler …
Martin Luther

Schwetzingen im Bauernkrieg

Die Bauarbeiten an seinem neuen Schloss in Schwetzingen fallen für Kurfürst Ludwig V. in politisch unruhige Zeiten. Die Reformation, ausgelöst durch Martin Luthers Thesenanschlag zu Wittenberg 1517, hat neue Ideen über Gott und die Welt auch in die Kurpfalz gebracht. Nicht nur der Adel, auch der gemeine Mann in Stadt und Dorf fühlte sich von der neuen Lehre der „Freiheit eines Christenmenschen" angesprochen. So bildete sich alsbald sowohl in der Ritterschaft als auch beim Landvolk eine revolutionäre Bewegung, die für den regierenden Hochadel brandgefährlich wurde. In den Unruhen des folgenden Bauernkrieges entbrannte ein Machtkampf zwischen „Oben" und „Unten", der in der Kurpfalz mit der Schlacht bei Pfeddersheim 1525 seinen schrecklichen Höhepunkt fand. Nachdenklich stimmt uns hier schon, dass man Ludwig V. auch noch „den Friedfertigen" nennt. Nur langsam erholte sich das Land von diesen traurigen Ereignissen. Alles in allem keine rosigen Zeiten für unseren Kurfürsten und sein neues Schloss. An einem stillen Morgen lugt es neugierig auf Zehenspitzen hinter blühenden Schlehenhecken und einer flachen Düne zu uns herüber. Die aufgezogene kurfürstliche Fahne signalisiert, dass man hier wohnt und dies auch künftig zu tun gedenkt. Erst mit dem Religionsfrieden zu Augsburg 1555 sollen wieder ruhigere Zeiten einkehren.

Schloss von Westen

Über einen Feldweg, der uns von Ketsch herüber nach Schwetzingen geführt hat, sind wir dem neuen Schlossbau näher gekommen. Über die Schilfränder der Wasserflächen des Leimbachs blicken wir staunend auf das neue Jagdschloss. Zunächst erkennen wir wieder die Kemenate, deren Dachterrasse mit einem Schieferdach überbaut wurde. An sie schließt sich nun an der Nordseite der Schlossanlage der neue, repräsentative Ludwigsbau an, für den man die Vorgängerbauten abgetragen hat. Damit hat man auch mehr Platz im Schlosshof geschaffen. An seiner Westseite ist ein schöner Standerker angefügt, dessen Altan einen herrlichen Blick in die weite Landschaft bietet. Den Durchblick hinüber zu den Pfälzer Bergen kann der Kurfürst allerdings noch nicht genießen. Er wird erst in späterer Zeit durch das Auslichten des Ketscher Waldes hinter dem Schloss möglich werden. Die südliche Baugruppe des Schlosses wurde erweitert und, passend zum Ludwigsbau, um ein Stockwerk erhöht. Ferner wurde ein schmucker Anbau sowie ein Treppenturm angefügt. Zusammen mit der Schlossmühle und dem neuen Turm der Pankratiuskirche bietet das Schloss einen fürstlichen Anblick, der uns neugierig macht auf die architektonischen Überraschungen, die auf seiner östlichen Schauseite auf uns warten.

Kurfürst Ottheinrich • 1556 – 1559

Schloss und Mühle von Osten

Nach einem kurzen Spaziergang durch die Bauerngärten des Oberdorfs sind wir in der gemütlichen Gaststube der Dorfschänke angekommen. Wir haben bei einem Glas Apfelmost Platz genommen und schauen durch das Stubenfenster staunend auf die Schauseite des neuen Jagdschlosses. Geschäftig tönt das Rauschen der Schlossmühle zu uns herüber. Eine lange, gedeckte Brücke führt über Leimbach und Schlossgraben hinüber zum Haupttor. Wieder erkennen wir die beiden getrennten Baugruppen des Schlosses, die durch die Wehrmauer miteinander verbunden sind. Die größte Überraschung jedoch bieten uns die beiden neuen Türme, die an den Ludwigsbau angefügt sind. Jetzt zeigt sich uns bereits eine große Ähnlichkeit der Schlossfassade mit ihrem heutigen Aussehen. Von den großen Staffelfenstern des Nordturms genießt man einen herrlichen Blick hinüber zur Residenzstadt Heidelberg. Kurfürst Ottheinrich, der im Jahre 1557 die Reformation in der Kurpfalz einführte, hat in seinen Jugendjahren Schwetzingen oft besucht. Leider waren ihm nur drei Jahre Regentschaft vergönnt, sonst wäre er sicher öfter in sein schönes Schloss gekommen.

Abendläuten

In unserer Schänke ist es über Apfelmost und Kartenspiel überraschend Abend geworden. Mit einem breiten Lächeln verabschiedet uns Heiner, der Wirt, freundlich aus der gemütlichen Gaststube. Durch unseren Umtrunk haben wir Mut gefasst und gehen hinüber zum Schloss. Die eingeholte Fahne sagt uns, dass der Kurfürst schon wieder zu Hause in Heidelberg ist. Das Knarren der alten Holzbohlen auf der Schlossbrücke verrät uns an das Wachpersonal. Wird man uns einlassen? Die beiden Herren in ihren bunten Uniformen sind gut gelaunt und lassen uns tatsächlich in den Innenhof … „aber nicht zu lang!“ Mit einer Laterne in der Hand klettern wir schnaufend die steile Treppe an der Innenseite der Schildmauer hinauf. Oben auf dem Wehrgang angekommen, schauen wir Richtung Heidelberg und genießen die Stille des Abends.
Der Leimbach umfängt mit seinem leichten Rauschen das Schloss, und vom Dorf her hört man das Bellen eines Hundes. Das ausklingende Klappern der Schlossmühle verrät uns, dass gerade der letzte Sack Korn des Tages gemahlen wird. Hier oben können wir gut verstehen, warum den Kurfürsten durch alle Zeiten hindurch dieser schöne Blick vom Schloss hinüber auf ihren Hausberg, den Königstuhl, so sehr am Herzen lag.

Im Schlosshof

Nach diesem herrlichen Rundblick über Dorf und Landschaft wenden wir uns um und schauen hinunter in den Schlosshof. Da uns die Wachleute heraufwinken, greifen wir schnell nach unserer Laterne und klettern vorsichtig die steile Stiege hinunter. Unten angekommen, schauen wir uns interessiert um, denn in so einem Schlosshof gibt es ja so manches Schöne zu entdecken. Doch das Wachpersonal geleitet uns höflich, aber bestimmt in die hintere Ecke des Südbaus – wohl, damit wir keinen Unfug machen. Aus dem Fenster des Weinlagers haben wir dann allerdings einen herrlichen Blick. Linkerhand sehen wir an der Kemenate vorbei auf den Ludwigsbau mit seiner hölzernen Galerie. In seinem Schatten unterhalten sich gerade drei Herrschaften über das Abendessen – die gebratenen Feldhühner waren wieder mal vorzüglich. Der achteckige Treppenturm leitet über zur Schildmauer mit Tor und Wehrgang. An der rechten Seite sehen wir die Ecke des Südbaus mit seinen Wirtschaftsräumen. Hier könnten wir noch lange bleiben, aber nach einem guten Glas Rotwein denken wir doch lieber an die mahnenden Worte der Schlosswache.

Kurfürst Friedrich IV. • 1583 – 1610

Blick zum Dorf von Osten

Unser nächstes Zeitfenster führt uns zum Beginn des 17. Jahrhunderts, einer turbulenten Zeitspanne, die für die Menschen in unserer Kurpfalz alles an Höhen und Tiefen zu bieten hatte, was man sich denken kann. Hier stehen wir an einem herrlichen Frühlingstag, nach einem Spaziergang von Plankstadt herkommend, am Ortsrand Schwetzingens. Zwischen blühenden Obstwiesen träumt das Dorf in der Frühlingssonne, nichts ahnend, welche Ereignisse das Schicksal in den kommenden Jahrzehnten bereithalten wird. Über Wiesen und einen stillen Fischweiher schauen wir auf das Unterdorf. Die Häuser der Bauern und Ackerbürger stehen bis zum Ortsrand, gegen unliebsame Besucher durch Mauern und Palisadenzäune geschützt. Von hoher Warte hält der Wächter Ausschau nach Neuigkeiten, wenn er nicht gerade hinter seinem Käsebrot eingeschlafen ist. Hinter den braunen Ziegeldächern grüßen das Jagdschloss und die Kirche zu uns herüber. Wir sind in der Regierungszeit Kurfürst Friedrichs IV. Vor Kurzem hat er die Festung Friedrichsburg und die Stadt Mannheim gegründet. Oft hält er sich auch in Schwetzingen auf, um seine Jagdleidenschaft mit anschließenden üppigen Tafelfreuden zu genießen – leider nicht ohne Folgen für „Dero Gnaden“ angeschlagenen Gesundheitszustand.

Beim Heidelberger Tor

An der friedlich grasenden Ziegenherde vorbei sind wir nach ein paar Schritten an den Ortsrand gekommen. Freundlich mustert uns die Wache am Tor. Man lebt in gewohnt unruhigen Zeiten, und so will man mit dem bescheidenen Stadttor an der Landstraße nach Heidelberg ein wenig Sicherheit vermitteln. Gleich dahinter erhebt sich ein stattliches Fachwerkhaus. Wir finden es heute noch, in Teilen, als eines der ältesten Häuser Schwetzingens in der Heidelberger Straße. Ansonsten ist von der dörflichen Idylle heute nichts mehr erhalten. Unser Weg führt nun an Bauernhöfen und kleinen Handwerkshäusern vorbei zur Dorfmitte. Hier stehen die alte Pankratiuskirche und die Ratsstube. Aus einem kleinen Obstgarten, in dem die Hühner scharren, bietet uns Käthe, eine freundliche Bauersfrau, einen kleinen Strauß blühender Kirschzweige an. Dann ist es nur noch ein Katzenspung zur Schlossmühle und den herrschaftlichen Wirtschaftsgebäuden. In der Hofschmiede bekommt gerade ein prächtiges Pferd seine neuen Hufeisen. Der Leimbach führt uns zum kurfürstlichen Schlossbau, der in sicherem Abstand zum Dorf hinter Gräben und stillen Wasserflächen in der Frühlingssonne träumt. Er ahnt noch nicht, welch schreckliche, stürmische Zeiten auf ihn zukommen werden.

Wie kam gestern ich ins Nest?
Bin schein's wieder voll gewest …

Vorkriegs-Abend 1610

Kommen wir noch einmal zu unserem Kurfürsten Friedrich IV. Dass ihm obiges Zitat, das aus einem alten Studentenlied stammt, zugeschrieben wird, ist wohl bekannt. Dazu müssen wir allerdings zur Ehrenrettung der Herrschaften etwas richtigstellen. Es war ja keine Absicht, sich ständig über Gebühr zu alkoholisieren. Es gab einfach nichts anderes als Bier oder Wein. Wasser zu trinken wäre viel zu ungesund gewesen. Schließlich gab es ja noch keine hygienische Trinkwasserversorgung, wie wir sie heute kennen. Nur das Quellwasser aus den Bergen war genießbar, weshalb man es oft in Fässern und Schläuchen in die Schlösser nach Mannheim und Schwetzingen brachte. Zu groß war die Angst vor Seuchen und Krankheiten, die das unsaubere Wasser mit sich bringen könnte. Die Ehre unseres Kurfürsten wäre also gerettet. Friedrich IV. war sehr leutselig und nicht nur bei den Studenten in Heidelberg, sondern auch bei seinem Volk sehr beliebt. Er war ein großer Förderer der Wissenschaften und lud namhafte Persönlichkeiten wie den Historiker Marquard Freher, den Orientalisten Jakob Christmann oder Ludwig Camerarius an seinen Hof nach Heidelberg ein. Sicher gab es dabei auch so manchen interessanten Abend im Schwetzinger Schloss. Außerdem bemühte er sich bei seinen religiös gleichgesinnten Fürsten-Kollegen um einen Verteidigungsbund, der späteren Protestantischen Union. Doch hier lauern bereits die Gefahren, die in unserem nächsten Zeitfenster auf die Kurpfalz zukommen werden. Wäre Friedrich IV. nur nicht so früh gestorben …

… mit des Schicksals Mächten ist kein ew'ger Bund zu flechten,
und das Unglück schreitet schnell …
Friedrich Schiller

Kurfürst Friedrich V. • 1610 – 1632

Schwetzingen im Dreißigjährigen Krieg

Das nun beginnende 17. Jahrhundert wird geprägt von Zeiten des Schreckens und Zeiten des Aufbruchs. In der Kurpfalz hat nach dem frühen Tod Kurfürst Friedrichs IV. sein gleichnamiger Sohn als Kurfürst die Herrschaft übernommen. Verheiratet mit Elisabeth, Tochter König Jakobs I. von England, unternimmt er alles, um ihr das Leben so standesgemäß zu gestalten, wie sie es vom Hof in London gewohnt war. So entstand auf dem Heidelberger Schloss der Englische Bau mit seinen großen Fenstern. Auf den Dicken Turm wurde ein runder Theatersaal aufgesetzt, in dem die Stücke Shakespeares aufgeführt werden. Als Höhepunkt jedoch gilt der berühmte Hortus Palatinus, ein großer aufwängiger Renaissancegarten mit Terrassen, Wasserkünsten und Grotten. Doch das junge Eheglück sollte leider nicht von langer Dauer sein, denn die Schrecken des Dreißigjährigen Krieges legen sich bald wie Mehltau über die ganze Kurpfalz.

Bet' Kind bet', morgen kommt der Schwed'…

Schlossruine im Winter 1636

Was war passiert? In Böhmen war ein Großteil des Adels zum neuen Glauben übergewechselt und bot Friedrich V. die Königskrone an. Doch unser Kurfürst war jung und politisch unerfahren und hörte nicht auf die Warnungen seiner Berater. Selbst seine Mutter Louise Juliane, die Tochter Wilhelms von Oranien, konnte ihn nicht von seinem „Böhmischen Abenteuer" abbringen. Als Chef der Protestantischen Union fühlte er sich geschmeichelt, nahm die Krone an und ließ sich in Prag mit seiner jungen Frau zum König krönen. Doch der Habsburger Ferdinand II. wartete nicht lange, trommelte seine Verbündeten von der Katholischen Liga zusammen und organisierte eine beachtliche Armee. Im November 1620 standen die Truppen vor Prag, und nach der berühmten Schlacht am Weißen Berg musste Friedrich, als „Winterkönig" verspottet, mit seiner Familie Hals über Kopf aus Prag fliehen. Ein schrecklicher Krieg überzieht nun dreißig Jahre lang die Pfalz und fast ganz Europa. Schwetzingen und sein Schloss werden mal von kaiserlichen Truppen, mal von schwedischer Soldateska ausgeplündert und zerstört. Das Land wird verwüstet, ganze Dörfer verschwinden von der Landkarte, und die Menschen werden durch Kriegsgreuel, Hunger und Seuchen zugrunde gerichtet – keine rosigen Aussichten für die Zukunft unserer Kurpfalz.

Kurfürst Karl Ludwig • 1649 – 1680

Schloss und Dorf von Nordwesten

Nachdem die europäischen Fürsten 1648 zu Münster und Osnabrück den berühmten Westfälischen Frieden geschlossen hatten, können wir nun wieder ein neues Zeitfenster öffnen und in eine ganz andere Welt schauen. Friedrich V. war 1632 im Exil gestorben, und die Kurpfalz zusammen mit der Kurwürde an seinen Verwandten, den Bayernherzog Maximilian I. gefallen. Nach dem Friedensschluss stellte man die alten Verhältnisse wieder her, und der älteste Sohn des „Winterkönigs", Karl Ludwig, bekam 1649 seine Pfalz mit einer neuen Kurwürde zurück. Der musste nun zusehen, wie er sein heruntergekommenes Land wieder auf die Beine brachte. Schon zwanzig Jahre später war es geschafft. Durch den Zuzug zahlreicher Glaubensflüchtlinge aus Frankreich, Holland und der Schweiz kam eine Menge hilfreicher und fleißiger Leute ins Land. Dazu wurde der Tabakanbau eingeführt, und Wirtschaft, Handel und Kunst konnten schnell aufblühen. Hier blicken wir staunend über die ersten Spargelfelder der Kurpfalz zum wieder aufgebauten Schwetzinger Schloss, das ganz neu in barocken Formen und Farben daherkommt und uns freundlich zu einem Besuch seiner Räume und seiner Bewohner einlädt.

Mit zwo Herren ist schlecht Kramen.
Noch schlechter, denk ich, mit zwo Damen.

Altes Sprichwort

Raugräfin Louise von Degenfeld

Schloss und Garten um 1675

An einem warmen Sommernachmittag stehen wir nun am Leimbach und schauen gespannt auf die Westseite des Schlosses. Kinderlachen und eine vornehme Dame grüßen zu uns herüber. Es ist Louise von Degenfeld, die Geliebte und zweite „Gemahlin zur linken Hand“ Karl Ludwigs ist. Er hat sie zur Raugräfin erhoben – sehr zum Ärger der Kurfürstin – und für sie hat er auch das Schloss in Schwetzingen wieder so schön herrichten lassen. Im Dorf erzählt man sich, der Kurfürst habe ihr ein Fernglas geschenkt. Damit kann sie bis zum Dicken Turm des Heidelberger Schlosses sehen. Wenn Karl Ludwig vorhat, sie in Schwetzingen zu besuchen, hängt er dort eine Fahne aus dem Fenster. Nun lenkt das muntere Kinderlachen unseren Blick wieder zum Schloss, das sich von der wehrhaften Wasserburg zum heiteren barocken Lustschlösschen gewandelt hat. Wir sehen zart bemalte Fassaden mit geschwungenen Giebeln, und auf den Standerker am Ludwigsbau hat man eine hölzerne Loggia mit schönem Landschaftsblick aufgesetzt. Die alte Wehrmauer wurde durch einen Zwischenbau mit Torbogen ersetzt, der nun endlich vom Schlosshof hinaus in den kleinen Barockgarten des Schlosses führt. Unser Kurfürst sollte allerdings mit seiner Louise nicht alt werden. 1677 ist sie vor der Geburt ihres 14. Kindes gestorben. In der neuen Mannheimer Eintrachtskirche wurde sie unter den Tränen Karl Ludwigs beigesetzt.

Pfalzgräfin Liselotte, Herzogin von Orléans

Schloss von Südosten

Nach ein paar Schritten sind wir im Vorhof des Schlosses mit seinen zahlreichen Wirtschaftsgebäuden angekommen. Von dort begleitet uns Reitknecht Hannes über die Brücke des alten Schlossgrabens vor die Südostecke des Schlosses. Staunend stehen wir am Ufer und genießen das fürstliche Panorama. Bis auf wenige Kleinigkeiten hat die Fassade schon große Ähnlichkeit mit dem heutigen Zustand. Auch die Schlossmühle hat man wieder herausgeputzt, und der Kirchturm hat ein neues Schieferdach bekommen. Zum Glück kann der Hannes seinen Mund nicht halten und verrät uns so manches Schlossgeheimnis. Kurfürst Karl Ludwig hat ständig Ärger mit seiner Frau. Die beiden passen einfach nicht zusammen. Deshalb verdrückt er sich so oft es geht aus Heidelberg und kommt in die Friedrichsburg nach Mannheim oder ins Schwetzinger Schloss zu seiner Louise. Seine Tochter Liselotte bringt er deshalb zu ihrer Tante Sophie nach Hannover. Wenn sie auf Besuch nach Schwetzingen kommt, steht sie gerne auf der grünen Galerie und ruft dem Hannes ein paar nette Worte in den Schlosshof zu. In ihren späteren Briefen an die Tante schwärmt Liselotte von den guten Trauben in Schriesheim, den Nachtigallen und Blaubeeren im Schwetzinger Schlossgärtel und dem herrlichen Blick vom Turmfenster nach ihrem geliebten Heidelberg.

Mondnacht am Karl-Ludwig-See

Nachdem wir das Schloss ausgiebig bewundert haben, schlägt uns der Hannes vor, einen kleinen Ausflug zu einem geheimen Lieblingsplätzchen des Kurfürsten zu machen, dem Karl-Ludwig-See. Für den Nachmittag hat er dazu ein Fuhrwerk organisiert. Gemütlich rumpeln wir damit auf der Landstraße nach Ketsch. Bald sehen wir die stille Wasserfläche des Sees, zwischen Rheinauen und dem Kraichbach gelegen. An der Fischschleuse zum Seebach treffen wir den Seeknecht Schwab. Er nimmt uns freundlich mit in seine Dienstwohnung im Seehaus. Bei Brezeln und Bier erklärt er uns, dass der See eigens zum Fischfang, aber auch zur Fischzucht angelegt wurde. Seine Aufgabe ist es, die Schleusen und Rechen sauber zu halten und vor allem auf die Otter und Biber aufzupassen. Natürlich verrät auch er uns noch ein Schlossgeheimnis. Karl Ludwig kommt oft mit seiner Louise hierher, um fern aller Hofintrigen einen schönen Abend zu zweit zu genießen. Jeden Oktober gibt es sogar ein kleines Fest mit dem gesamten Hofstaat auf bunt geschmückten Nachen und Booten. Natürlich auch zur Freude der umliegenden Bauern, die dazu den „dienenden Rahmen" spielen müssen.

Über diesem schönen Tag ist es auch für uns Abend geworden. Wir stehen mit Herrn Schwab am Bootssteg, schauen hinüber zum Seehaus und denken beim hellen Mondschein an unser kurfürstliches Liebespaar.

Kurfürst Karl II. • 1680–1685

Schwetzingen von Südosten

Nach einer erholsamen Nacht in unserem Gasthof steht der Hannes am Morgen wieder vor unserer Tür. Er schlägt uns vor, ihn ein Stück auf seinem Weg nach Kirchheim zu begleiten. Dort soll er ein repariertes Sattelzeug abholen. Als wir am Ortsrand Richtung Heidelberg stehen, bietet sich uns ein wunderschönes Panorama. In der ländlich-würzigen Frühlingsluft ruht das beschauliche Dorf Schwetzingen mit Schloss und Kirche in der wärmenden Mittagssonne des Frühlingstages. Dahinter liegt das blaue Band der Pfälzer Haardtberge mit der Kalmit. Links vom Schloss sehen wir jetzt auch hinter dem Oberdorf die Fasanerie. Das friedliche Bild lässt uns erahnen, wie sehr sich Kurfürst Karl Ludwig in seiner Regierungszeit um das Wohlergehen seines Landes und seiner Untertanen bemüht hat. Doch der Hannes erzählt uns, dass der Kurfürst nicht gesund sei und vielleicht schon bald sein Sohn Karl, der Bruder Liselottes, die Herrschaft übernehmen müsse. Wir sparen uns das für unser nächstes Zeitfenster auf, verabschieden uns vom Hannes und gehen zurück ins Oberdorf, um uns die Fasanerie einmal näher anzusehen.

Fasanerie von Westen

Nach einem kleinen Spaziergang sind wir auf dem Oftersheimer Weg zu den bescheidenen Bauernhäusern des Oberdorfes gekommen. Nach links biegen wir auf die Straße nach Ketsch und Hockenheim, der heutigen Forsthausstraße, ein. Dort, am Südwestrand Schwetzingens, finden wir ein Landschaftsbild, wie wir es heute noch von Oftersheim und Sandhausen kennen. Es ist ein sandiger, von Feldern und Gehölzgruppen geprägter Landstrich, durch den sich niedrige Binnendünen ziehen. Hier stehen wir nun vor einer solchen Düne und schauen geradewegs nach Osten zur Fasanerie. Im Hintergrund grüßen die Odenwaldberge herüber. Dass sich hier an dieser Stelle heute die Moschee und der Obstgarten befinden, lassen höchstens die blühenden Kirschbäume erahnen. Leider gibt es keine Bilder und nur wenige Beschreibungen der alten Fasanerie. Die Mauer, die die Anlage umgibt, finden wir jedoch noch als Einfassung der heutigen Schlossgärtnerei. Nun erinnern wir uns auch wieder an unser Gespräch mit Hannes. Nach dem frühen Tod Karl Ludwigs 1680 hat sein Sohn Karl II. die Regierung übernommen. Wieder ziehen ungute politische Verhältnisse herauf, die für unsere nächsten Zeitfenster leider nichts Gutes erahnen lassen.

Kurfürstin Wilhelmine Ernestine • 1650–1706

Im Fasanerie-Hof

Durch ein stattliches Wirtschaftsgebäude sind wir in den Hof der Fasanerie gekommen. Hier sind wir ganz im Reich der neuen Kurfürstin Wilhelmine Ernestine, der Frau von Kurfürst Karl. Die Tochter des dänischen Königs ist zwar nicht sonderlich attraktiv, aber immerhin eine gute Partie. Mitten im Geschnattere des bunten Federviehs treffen wir die Hühnermagd Grete. Sie zeigt uns, was es hier alles zu sehen gibt. Mittelpunkt der Anlage ist ein kleines Lusthaus, in das sich die Kurfürstin gerne zum Gärtnern zurückzieht. Wir müssen nämlich wissen, sagt die Grete, dass die Ehe der fürstlichen Herrschaften kinderlos ist. So was sieht man gar nicht gern. Deshalb wohnt sie meistens in ihrem eigenen Reich zwischen Gemüse und Geflügel, wo sie ihre Ruhe vor ihrem eigenwilligen Mann hat! Dann zeigt uns die Grete noch das an das Lusthaus angebaute Bruthaus und ein kleines Gewächshaus. Ihr ganzer Stolz ist allerdings das Fasanengehege mit dem schönen Pavillon. Schon oft hat sie ein dickes Lob von der Kurfürstin bekommen, weil sie alles so schön in Schuss hält. Schließlich nimmt sie uns mit auf Ihre Kammer im Bruthaus. Bei einem stillen Gläschen Eierpunsch plaudert sie über so mancherlei Geheimnisse am kurfürstlichen Hof.

Gewitter-Abend

Von Grete erfahren wir so manches aus dem Nähkästchen. Wie bereits gesagt, war die kurfürstliche Ehe nicht besonders harmonisch. Das verwundert auch nicht, waren doch die Eheschließungen beim Adel allesamt von dynastischen und natürlich auch finanziellen Überlegungen geprägt. Jedenfalls muss die „Dicke Wilhelmine“ trotz ihrer königlichen Abkunft am kurpfälzischen Hof keinen guten Eindruck gemacht haben. Doch am Ende haben sich alle beruhigt, und die Ehe konnte ihren merkwürdigen Lauf nehmen. Am Ende bekam die Kurfürstin von ihrem Gemahl sogar das ganze Schloss Schwetzingen mit zahlreichen Ländereien und jeder Menge Personal geschenkt – wenn das kein gutes Werk war. Doch dann sagt uns die Grete, dass es mit der ländlichen Idylle bald vorbei war. Nach dem unerwartet frühen Tod von Kurfürst Karl 1685 verlässt Wilhelmine Ernestine ihre schöne Kurpfälzer Fasanerie und zieht zu ihrer Schwester nach Prettin.
Bei all den köstlichen Erzählungen haben wir gar nicht bemerkt, dass es draußen nicht nur Abend geworden war, sondern auch noch ein bedrohliches Sommergewitter aufzieht. Schnell verabschieden wir uns von der Grete, die uns mit düsteren Vorahnungen zur Tür bringt. Als wir heraustreten, fallen bereits die ersten schweren Tropfen. Am Schlossgraben vor dem Hofgarten angekommen, erwischt uns dann die ganze Wucht des Unwetters. Völlig durchgeweicht kommen wir in unser Nachtquartier, aber das ist nichts gegen das, was an Blitz und Donner auf unsere Kurpfalz im nächsten Zeitfenster wartet.

Kurfürst Philipp Wilhelm • 1685 – 1690

Brennende Schlossruine 1693

Die Grete sollte Recht bekommen. Durch unser nächstes Zeitfenster sehen wir dunkle Wolken über der Kurpfalz aufziehen. Im Jahr 1685 stirbt Kurfürst Karl II. nach nur fünf Regierungsjahren ohne Nachkommen. Er hatte sich bei einem „Lustigen Kriegsspiel" nahe der Mannheimer Festung ein „böses Fieber" eingefangen. Mit seinem Tod endet auch der alte Familienzweig Pfalz-Simmern. Seine Schwester Liselotte war von ihrem Vater an Philippe von Orléans, den Bruder König Ludwigs XIV. von Frankreich verheiratet worden, weil er sich dadurch stabile politische Verhältnisse erhoffte. Der Sonnenkönig betreibt seit langem eine aggressive Eroberungspolitik, vor allem gegen das reiche Holland. Als nun Kurfürst Karl stirbt, erhebt der König Erbansprüche für seine Schwägerin Liselotte.
Da er sich damit auf rechtlichem Wege nicht durchsetzen kann, nutzt er das Recht des Stärkeren – wie so oft in der Geschichte. Er lässt seine Truppen aufmarschieren, die weite Gebiete im Südwesten des Reiches grausam ausplündern und verwüsten. Liselotte muss das alles von Paris aus miterleben, und in zahlreichen Briefen beklagt sie zutiefst, gegen ihren Willen am Untergang ihres geliebten Vaterlandes Schuld zu sein.

Ich dachte immer, jeder Mensch sei gegen den Krieg.
Bis ich herausfand, dass es welche gibt, die dafür sind.
Besonders die, die nicht hingehen.
Erich Maria Remarque

Schlossruine und Dorf von Nordwesten

Die Auswirkungen des Orléansschen Erbfolgekrieges waren verheerend, denn die französischen Soldaten unter ihren Generälen Turenne und Mélac leisteten ganze Arbeit. Große Teile der Kurpfalz waren verwüstet, Städte wie Speyer, Worms und Mannheim völlig zerstört und alle Einwohner vertrieben. Auch die Residenzen Heidelberg und Schwetzingen wurden niedergebrannt und die Schlösser lagen in Trümmern. Die Folgen für Wirtschaft, Land und Leute können wir uns nicht vorstellen. Heiße Sommer mit Seuchen und eisige Winter mit Hungersnöten quälten Mensch und Vieh. Viele Pfälzer haben ihre Heimat verlassen und in anderen Landesteilen des Reiches Zuflucht gefunden. Nach dem Tod Kurfürst Karls war nun sein Verwandter Philipp Wilhelm aus dem Familienzweig Pfalz-Neuburg an die Regierung gekommen. Diese Neuburger Verwandten waren vor geraumer Zeit wieder katholisch geworden und residierten in Düsseldorf, da sie Besitzer der Herzogtümer Jülich und Berg am Niederrhein waren. Dem Zerstörungswerk der Franzosen hatte auch der neue kurpfälzische Landesherr nichts entgegenzusetzen. Hier stehen wir nun frierend an einem kalten Wintertag des Jahres 1694 und schauen traurig auf die Trümmer Schwetzingens.
Als Gäste hausen in den Ruinen nur noch Fledermäuse und heulende Wölfe.

Wunder gescheh'n, ich war dabei.
Wir dürfen nicht nur an das glauben, was wir seh'n.

Nena

Schloss-Neubau 1705

Bereits im Jahr 1690, also noch mitten im Krieg, war Kurfürst Philipp Wilhelm gestorben. Sein Nachfolger wurde sein Sohn Johann Wilhelm, der ebenfalls in Düsseldorf residierte. Er war mit Anna Maria Louisa de Medici glücklich verheiratet, ein Umstand, den wir in jüngster Vergangenheit in unserer Kurpfalz selten erleben durften. In Düsseldorf führte er, als typischer Barockfürst, eine glänzende Hofhaltung. Seine italienische Gattin kümmerte sich um den festlichen Rahmen wie Kunst, Empfänge, Musik und Theater. Schließlich war sie nicht nur in finanzieller Hinsicht eine gute Partie gewesen. Ganz in die geschundene und zerstörte Kurpfalz umziehen mochte Johann Wilhelm allerdings nicht – vielleicht später mal – so dachte er wohl. Trotzdem gab er sich aus politischen Gründen einen Ruck und startete vom Niederrhein aus ein umfangreiches Wiederaufbauprogramm für seine Stammlande. So plante er, in der Rheinebene zwischen Mannheim und Heidelberg ein großes Barockschloss mit Garten errichten zu lassen. Offensichtlich war das Ganze dann doch eine Nummer zu groß – ein Glück für Schwetzingen. Denn als Ersatz ließ er unser zerstörtes Schloss wieder instandsetzen und zur repräsentativen Residenz ausbauen. Hier stehen wir an einem schönen Frühsommertag im Schlossbereich vor einem blühenden Erdhügel. Dahinter verbirgt sich geheimnisvoll das Wunder einer vielversprechenden Großbaustelle – nach all' den schrecklichen Kriegsjahren. Wer hätte das gedacht.

Kurfürst Johann Wilhelm • 1690 – 1716

Schloss und Ehrenhof

Nach Abschluss der fürstlichen Bauarbeiten öffnen wir wieder ein neues Zeitfenster und stehen an einem Frühlingstag des Jahres 1715 am Leimbach vor dem Schloss. Was wir nun sehen, können wir kaum fassen, wenn wir an die vergangenen Kriegsjahre denken. Wie Phoenix aus der Asche hat sich das alte Schloss aus seinen Trümmern in eine schmucke Barockresidenz verwandelt, in für uns heute ungewohnter weiß-roter Farbfassung. Und es gibt noch eine Überraschung für uns: Am Eingang zum Schlosshof treffen wir tatsächlich wieder auf unsere Grete, nach all den Jahren! Sie erzählt uns, wie sie die schreckliche Kriegszeit in den Kellern der ramponierten Fasanerie überstanden hat. Die haben die Franzosen nämlich stehenlassen – ob aus Versehen, oder ob das an ihrem resoluten Gesicht gelegen hat, weiß sie nicht. Sie arbeitet jedenfalls immer noch dort, trotz ihres Alters. Jetzt genießen wir mit ihr zusammen einen traumhaften Blick auf das neue Schwetzinger Schloss, schöner, als wir je zu träumen wagten. Erstaunlich, was man doch damals alles in so kurzer Zeit bauen konnte! Nach so viel Begeisterung verabschieden wir uns herzlich bei der Grete und wünschen ihr noch lange Gesundheit.

Ehrenhof und Schlosswache

Hier stehen wir an einem kalten Wintermorgen im Innenhof des Schlosses, der durch eine Balustrade mit Ziergitter vom neuen Ehrenhof abgetrennt ist. Dahinter erkennen wir die neuen Wachhäuschen – natürlich noch ohne Schlosskasse und Kurfürstenstübchen – sowie die prächtigen Wappensäulen des Kurfürstenpaares. In der Ferne grüßt uns die Allee nach Heidelberg und das graue Band der Odenwaldberge. 1708 hatte Graf Franz Joseph von Wieser die Stelle des Oberstburggrafen übernommen. Somit hatte er die Aufsicht über das gesamte Bauwesen am Schloss. Die Pläne dazu lieferte der Architekt Adam Breunig. Die Umgebung des Schlosses war noch spärlich bebaut. Nördlich des rechten Schlossflügels gab es wieder eine Mühle und einen Keller. Dazu Stallungen und kleinere Wirtschaftsgebäude. Hinter dem linken Schlossflügel lag die Gärtnerswohnung. Die Arbeiten an der Großbaustelle Schloss gingen oft nur mühsam voran, denn die Beschaffung der Baumaterialien hatte so manche Tücken. Und auch die Schatulle „Seyner Durchlaucht“ gab ja nicht immer das her, was gerade gebraucht wurde. Aber so etwas kommt uns ja heutzutage sehr bekannt vor.

Abend bei der Zollbrücke

Hier sind wir an einem Herbstabend nach einem Spaziergang durch Schwetzingen an die Nordwestecke des neuen Schlossbaus gekommen. Da uns bei der Wache keiner bemerkt hat, können wir staunend die Wiederaufbauarbeit Johann Wilhelms und seines Architekten Johann Adam Breunig bewundern. Das Kernschloss hat man zu einem kräftigen Baublock zusammengefasst. Neugierig schauen die beiden Türme über das Mansardendach zu uns herunter. Links unten am Schloss erkennen wir noch den alten Standerker vom Ludwigsbau. Ans Schloss angefügt sehen wir den Winkel des Nordflügels mit der eingebauten Schlosskapelle. Vom späteren Nördlichen Zirkelbau ist natürlich noch nichts zu sehen. Auch das heutige Amtsgericht bei der alten Zollbrücke suchen wir vergebens. Nur eine Mauer mit Tor zum Garten verbindet den Nordflügel mit den angrenzenden bescheidenen Wirtschaftsgebäuden. Der Kurfürst hatte wirklich ganze Arbeit geleistet. Zu einem dauernden Wohnsitz in der Kurpfalz ist es für ihn dann doch nicht mehr gekommen. Nach seinem überraschenden Tod 1716 musste sich Johann Wilhelm von der Weltbühne verabschieden. Der Hofbildhauer Gabriel de Grupello hat Jan Wellem auf dem Düsseldorfer Marktplatz ein prachtvolles Reiterdenkmal geschaffen. Und in Schwetzingen erinnern dankbar die Wappensäulen des Kurfürstenpaares am Hofeingang an die kurze, aber entscheidende Wiederaufbauzeit unseres Schlosses.

Kurfürst Carl Philipp • 1716–1742

Sonnenaufgang über Schwetzingen

Eine neue, große Zeit bricht an für Schwetzingen – dieses Gefühl umfängt uns, wenn wir durch unser neues Zeitfenster in einen strahlenden Herbstmorgen des Jahres 1735 schauen. Nach dem Tod Kurfürst Johann Wilhelms im Jahr 1716 hat sein jüngerer Bruder Carl Philipp die Regierung in der Kurpfalz übernommen. Er war bereits 55 Jahre alt, saß als kaiserlicher Statthalter von Tirol in Innsbruck und ließ es sich auf diesem schönen Posten gutgehen. Dann hat ihn die neue Aufgabe doch gereizt, und er ist nach einem kurzen Zwischenstopp in Neuburg an der Donau, der Heimat seiner Familie, nach Heidelberg umgezogen. Dort hat er es sich zunächst im wiederhergerichteten Schloss gemütlich eingerichtet, doch die Gemütlichkeit sollte nicht lange andauern. Als katholischer Landesherr geriet er mit den überwiegend protestantischen Heidelbergern wegen der Heiliggeistkirche in heftigen Streit. Im Zorn verlegte er kurzerhand im Jahr 1720 Residenz und Verwaltung nach Mannheim. Doch bis dort sein neues großes Schloss fertig war, musste er ja irgendwo wohnen – und wieder mal wurde das Schwetzinger Schloss, zumindest zur Sommerzeit, zur glücklichen Rettung für einen Kurfürsten.

Jagdausritt am Morgen

Nachdem sich die Morgennebel langsam verzogen haben, machen wir uns vorsichtig auf den Weg, um uns die neue Heimat des Kurfürsten näher anzuschauen. Über die alte Speyerer Straße sind wir dem Schloss ein gutes Stück näher gekommen, und wir können es nun zum ersten Mal in seiner heutigen Gestalt erkennen. Weil das Mannheimer Schloss für lange Zeit eine riesige Baustelle ist, wohnt Carl Philipp die meiste Zeit in Schwetzingen. Der neue Westbau war bereits 1715/1716 noch unter Jan Wellem errichtet worden. Vor seiner Fassade breitet sich ein barockes Gartenparterre mit einem Springbrunnen und Figuren aus. Der feine Grünschimmer des Schlosses stammt übrigens von Muschelschalen der herrschaftlichen Tafel, die man, ganz fein gemahlen, dem Fassadenputz beigemischt hat! Linkerhand des Kapellenflügels erkennen wir das Türmchen der Wasserkunst, die für den Betrieb der Fontäne sorgt. Als Abschluss des Schlossgartens nach Westen errichtete man ein hufeisenförmiges Orangeriegebäude mit einem prächtigen Festsaal. Auf der Südseite des Gartens ist es durch den geschlossenen Hirschgang bequem zu erreichen. An der Nordseite schließt eine Mauer mit Toren den Garten ab. Ihr vorderes Stück können wir heute noch beim „Blauen Loch“ wiederfinden. Dann werden wir unvermittelt vom Lärm einer Jagdgesellschaft aufgeschreckt, die sich mit Hundegebell durch die fürstlichen Gemüsegärten wälzt … das Gartenpersonal wird's freuen – Weidmannsheil!

Schloss und Leimbach

Nach dem Halali der Jagdgesellschaft umfängt uns wieder die Morgenstille. Wir wollen das Schloss des neuen Kurfürsten genauer erkunden und spazieren gespannt, vorbei an Wirtschaftsgebäuden und Stallungen, zum Nordflügel. In der Wasserkunst träumen die Wasserräder im kühlen Leimbach still vor sich hin und warten auf ihren großen Einsatz am Nachmittag. Im nahen Kirchturm läutet die Morgenglocke. Keine Menschenseele ist unterwegs, doch direkt vor der Schlosswache haben wir Glück. Eine junge Dame im schicken grünen Jagdkostüm läuft uns direkt in die Arme. Es ist Sophia von Königstein, die Gattin eines Gardeoffiziers. Sie erzählt uns, dass sie eigentlich auf die Jagd mitreiten wollte, sich aber verspätet hat – mal wieder. Jetzt reicht es ihr gerade noch für die Frühmesse. Doch da sie uns getroffen hat, ist sie natürlich neugierig geworden. Sie bietet an, uns auf unserem Rundgang zu begleiten, und lädt uns spontan zu sich nach Hause zu einem kleinen Morgen-Coffee ein. Nach ein paar Schritten sind wir in ihrem Haus im Oberdorf angekommen, dort, wo sich heute die Forsthausstraße um den Leimbach schlängelt. Bei einer vorzüglichen Tasse Kaffee genießen wir erstaunt den Blick hinüber auf die Südseite des Schlosses mit Küchenflügel und Hirschgang – fast schon ein bisschen wie heute. Doch Sophia hat noch viel mit uns vor.

*Das war der Zwerg Perkeo im Heidelberger Schloss,
An Wuchse klein und winzig, am Durste riesengroß.
Man schalt ihn einen Narren, er dachte: „Liebe Leut –
Wärt ihr, wie ich, doch alle feuchtfröhlich und gescheut!“*

Viktor von Scheffel

„Lustiger Rat“ Perkeo

Ein Bild im Schlosskeller

Nachdem Sophia ihr unbequemes Jagdkostüm mit einem schicken rosa Mantelkleid getauscht hat, bringt sie uns wieder zum Schloss. In einer stillen Ecke hinter dem Hirschgang schiebt sie uns durch eine alte, knarrende Holztür. Kühler, feuchter Dunst schlägt uns entgegen, und nach ein paar ausgetretenen Treppenstufen stehen wir unter dem gotischen Gewölbe eines alten Hochkellers. „Natürlich, ich wusste doch, dass es noch hier hängt“, flüstert sie und zeigt auf ein Gemälde mit einem kleinen Mann in grünem Kostüm und roter Ziegenhaarperücke. „Das ist der Hofnarr Perkeo. Den hat der Kurfürst aus Innsbruck mitgebracht, weil er so schlagfertig ist und auch so viel Wein verträgt, wie er selbst. Er soll aus Südtirol stammen und Knopfmacher gelernt haben. Da man davon nicht wirklich reich werden kann, hat er sich kurzerhand in der Hofburg vorgestellt und gegen Carl Philipp ein Wetttrinken gewonnen. Auf die Frage, ob er als „Lustiger Rat“ bei Hofe bleiben wolle, antwortete er schnell: perché-no? – und schon hatte er seinen Spitznamen weg“. Dann erzählt Sophia uns noch, dass sich Perkeo meistens im Heidelberger Schlosskeller beim Großen Fass herumtreibt. Gut befreundet ist sie auch mit ihm, aber weil er zu allen anderen bei Hofe so frech und ungehobelt ist, hat sie das ungute Gefühl, dass sie damit wohl die Einzige ist.

Alter Orangeriegarten

Zurück im Schlosshof führt uns Madame von Königstein zu einer Schnecke, so heißen die Wendeltreppen im Schloss. Nachdem wir uns schnaufend nach oben gedreht haben, stehen wir unvermittelt im Neuen Speisezimmer. Sophia schiebt die schweren Damastvorhänge zur Seite, öffnet für uns das mittlere Fenster, und wir können es kaum fassen: kein Kreisparterre, kein Arionbrunnen und keine Hirschgruppe weit und breit. Stattdessen liegt ein kleines, typisch barockes Gartenparterre mit buchsgerahmten Beeten vor uns. In die Mitte des Gartens ist eine kleine Fontäne eingefügt, die lustig vor sich hin plätschert – wenn die Zuleitungen nicht wieder mal verschlammt sind. Auf den gepflegten Rasenflächen stehen exotische Kübelpflanzen wie die Zinnsoldaten, und eine schöne Anzahl allegorischer Gartenfiguren erfreut die Besucher. Als Abschluss nach Westen begrenzt der Halbkreis der Orangerie mit ihrem Festsaal wie eine Theaterkulisse den Garten des Kurfürsten. Sophia verrät uns, dass er die ganzen Kübelpflanzen von seinem Vorgänger Johann Wilhelm geerbt hat. Auf Schiffe verladen hat man sie auf dem Rhein von Düsseldorf nach Schwetzingen gebracht – wirklich eine gute Idee.

Alte Orangerie

Nun führt uns Sophia wieder die Schnecke hinunter, und schon sind wir im Hirschgang. Dieser schmale Korridor verbindet den Südflügel des Schlosshofs mit der Orangerie, sodass bei Regenwetter das Essen von der Schlossküche trockenen Fußes in den Festsaal gebracht werden kann. Ein kleines Stück dieses Ganges steht noch zwischen Schloss und südlichem Zirkelhaus. Gegenüber begrenzt eine Mauer mit Toren den Garten nach Norden. Auch davon können wir heute noch beim „Blauen Loch" ein Stück sehen. Im Hirschgang ist es ein bisschen wie im Naturkundemuseum. An den meergrünen Wänden lächeln zwischen den Fenstern aufgemalte Hirsche mit stummem Trauerblick zu uns herunter. Jeweils darüber sind ihre Geweihe mit entsprechender Jahreszahl als Trophäen aufgehängt. Alles riecht hier etwas muffig, und wir sind froh, als wir wieder an die frische Luft kommen. Endlich können wir uns die Pflanzen im Garten mal aus der Nähe anschauen. In den Terracottakübeln stehen Zitronenbäumchen, Agaven, Granatäpfel und Kaffeestauden. Die Ananas- und Orangenbäumchen hat man in vornehmen Fayencetöpfen aufgestellt. Und als Höhepunkt glänzen die beiden goldenen Atalante-Figuren von Meister Heinrich Charasky, so wie wir sie heute noch auf der Schlossterrasse finden. Der Kurfürst hat sie extra aus dem Heidelberger Schlossgarten hierher bringen lassen, erzählt uns Sophia, auf Wunsch seiner Tochter, Pfalzgräfin Elisabeth.

Sala Terrena der Orangerie

Jetzt sind wir natürlich neugierig auf den großen Festsaal. Den hat der Hofbaumeister Alessandro Galli da Bibiena eigens für den Kurfürsten in die Mitte der Orangerie eingebaut, während in den Seitenflügeln im Winter die empfindlichen Kübelpflanzen aufbewahrt werden. Auf der kleinen Terrasse vor dem Eingang treffen wir auf den Gärtnergesellen Leopold. Er zeigt auf die schönen Ananasstauden, auf die er besonders stolz ist. Auf einen freundlichen Wink von Sophia schließt er uns auf, und dann stehen wir in der lichterfüllten Sala Terrena. Feine Stuckdekorationen und Felder mit holländischen Fliesen zieren die Wände. Die großen Fenster bieten herrliche Ausblicke über das Gartenparterre zum Schloss oder nach Westen über Wiesen und Felder bis zu den Pfälzer Bergen. Vier stattliche Öfen versprechen wohlige Wärme bei winterlichen Vergnügungen.
Sophia verrät uns, dass sie schon öfter zum Festessen mit dem Kurfürsten eingeladen war. Es gibt immer eine prächtige Tafel mit den feinsten Delikatessen. Höhepunkt dabei sind die sogenannten Schaugerichte, das sind Speisen, die man gar nicht essen kann. Schüsseln und Terrinen in Form von Kohl- und Salatköpfen, Melonen, Spargelbündchen sowie allerhand Geflügel wie Truthähne, Enten und Fasane – alles aus feinster Fayence aus der berühmten Manufaktur Hannong in Straßburg. Vor der schrecklichen Eberkopfterrine mit den großen Zähnen graust es ihr allerdings jedes Mal. Leopold muß lachen …
Ja, ja, bestimmt wieder ein gefundenes Fressen für unseren Perkeo!

Hirschgang und Schildkrötenweiher

Nachdem wir noch schnell und heimlich bei einem zwischen den Fenstern aufgestellten Truthahn unter den Deckel geguckt haben, bringt uns der Leopold zurück in den Hirschgang. Nebenbei fragt er unsere Sophia, ob sie sich noch an die lustige Geschichte mit dem Fürstbischof von Speyer erinnern kann. Natürlich weiß sie noch Bescheid, denn damals war sie gerade Hofdame der Tochter des Kurfürsten, Pfalzgräfin Elisabeth. Der Bischof von Schönborn war an einem Spätherbsttag mit seinem Hofmarschall von der Eremitage in Waghäusel zu Besuch nach Schwetzingen gekommen. Natürlich wurde im Festsaal groß gefeiert und vor allem gut getrunken. Die Pfalzgräfin wollte danach unbedingt zu Besuch in die Eremitage kommen, doch der Bischof wiegelte händeringend ab, das Schlösschen sei noch nicht bezugsfertig. Es nutzte alles nichts, Elisabeth ließ sich nicht abwimmeln, und jetzt wollte auch noch der Kurfürst mitkommen. Der Bischof musste daraufhin zurückfahren und die Baumaßnahmen beschleunigen, damit der hohe Besuch stattfinden konnte. Seinen betrunkenen Hofmarschall hatte er allerdings zurückgelassen, natürlich sehr zur Freude von Perkeo. Nach diesem amüsanten Bericht sind wir beim Schildkrötenweiher hinter dem Hirschgang angekommen, wo sich der Leopold eiligst von uns verabschiedet – seine Ananas warten auf ihn. Noch lässt sich hier nicht erahnen, dass an dieser Stelle einmal der Küchenbau des Schlosses sowie das Südliche Zirkelhaus stehen werden – alles zu seiner Zeit.

Seepferdgruppe bei der Orangerie

Sophia von Königstein lacht noch kurz über die Geschichte mit dem Bischof, doch dann wird sie schnell traurig. Schon ein Jahr später ist die junge Pfalzgräfin Elisabeth überraschend gestorben, und ihre Zeit als Hofdame war wieder vorbei. Ob sie sich wohl in der zugigen Eremitage den Tod geholt hat? Gelegentlich schaut sie bei der kleinen Tochter der Pfalzgräfin, Elisabeth Augusta, im Mannheimer Schloss vorbei. „… die soll ja mal den nächsten Kurfürsten heiraten – na, die wird sich bestimmt freuen!“ Bei diesem interessanten Gespräch sind wir zu einem besonderen Höhepunkt in Carl Philipps Schwetzinger Schlossgarten gekommen, dem Wasserspiel der Seepferdgruppe. Sie steht in einem eigenen Bassin auf der Südseite des Schlosses, und der Kurfürst führt alle Gäste voller Stolz an diesen schönen Platz. Geschaffen hatte dieses Kunstwerk der Hofbildhauer Gabriel de Grupello für Kurfürst Johann Wilhelm in Düsseldorf. Daneben gab es noch ein anderes, prächtiges Bildwerk, die aus Bronze gegossene Statua im Hof der dortigen Kunstgalerie. Diese schöne Figurengruppe ließ Carl Philipp natürlich auch auf dem Rhein nach Schwetzingen bringen, um sie im Orangeriegarten aufstellen zu lassen – man gönnt sich ja sonst nichts! Das Ganze war aber dann doch eine Nummer zu groß für Schwetzingen. So kam das Bildwerk als Geschenk an die Mannheimer, die es dann, natürlich auf ihre Kosten, auf dem Paradeplatz aufstellen durften – Durchlaucht waren begeistert.

Fürstliche Obst- und Gemüsegärten

Wir bleiben noch einen kurzen Moment bei der Seepferdgruppe und schauen uns um. Nichts lässt erahnen, dass hier einmal der Südliche Zirkelbau und der beschauliche neue Seepferdgarten ihren Platz haben werden. Wirtschaftsgebäude und Remisen haben hier unter Carl Philipp wichtige Funktionen. Sophia führt uns nun, an einer kleinen Obstwiese mit Bienenkörben vorbei, zu den fürstlichen Gemüsegärten. Sie liegen direkt an der Mauer der alten Fasanerie, deren Gebäude allerdings schon ziemlich ramponiert und baufällig sind. Die Hälfte hat man schon abgerissen, und in der Umfassungsmauer sind überall große Risse, sodass ständig das Federvieh entwischt. Neulich hat man sogar einen ganzen Trupp Perlhühner direkt vor der Schlosswache einfangen müssen! Am westlichen Rand der Gärten schaut eine imposante Binnendüne über die Mauer zu uns herüber. Sie ist der nördliche Ausläufer einer stattlichen Dünenlandschaft, die sich, von Walldorf und Sandhausen kommend, über Oftersheim bis vor die Tore Mannheims erstreckt. Heute sind die meisten Dünen im Hardtwald versteckt oder abgetragen, so wie diese hier, die der späteren Gartenerweiterung unter Kurfürst Carl Theodor zum Opfer fallen wird. Beim Anblick von so viel leckerem Obst und Gemüse bekommen wir natürlich Appetit, und weil es auch schon langsam Abend wird, bringt uns Madame von Königstein wieder zurück zur Orangerie. Dort verspricht sie uns zum Schluss unseres Rundgangs eine kleine Überraschung.

Abend auf der Orangerie-Terrasse

Vom Gemüsegarten führt uns Sophia, sozusagen querbeet, zurück ins Orangerieparterre. Die lustige Brunnenfontäne ist schon zur Ruhe gegangen, und in der Abendkühle duften die Orangenblüten. Vom Schloss herüber sehen wir jetzt die ersten Gäste in vornehmer Abendgala zum Festsaal wandeln. Dazwischen erkennen wir – nicht zu übersehen und -hören – den gut gelaunten Kurfürsten Carl Philipp, in altrosa Seidenrobe, meergrünem Brokatrock, Prunkdegen und Allongeperücke. An seinem Arm führt er seine Liebste, die Gräfin Violanta Theresia von Thurn und Taxis. Nachdem die Herrschaften in der Sala Terrena verschwunden sind, schleichen wir uns hinterher bis zu den schönen Ananaskübeln auf der Treppe. Durch ein Seitenfenster schauen wir nun in den herrlich dekorierten Saal mit der festlich gedeckten Abendtafel. Die Damen haben bereits Platz genommen, und die Kavalliere „pokulieren" gerade mit einem guten Pfälzer Muscat-Wein auf die Gesundheit Seyner Durchlaucht. Sophia führt uns heimlich durch das Stiegenhaus auf die Terrasse an der Westseite. Von dort hören wir heitere Barockmusik, und auf der Balustrade sind kleine Lichterbecher aufgereiht. Im herrlichen Abendrot grüßen die Pfälzer Berge zu uns herüber. Für uns wird es Zeit zum Abschied. Wir bedanken uns herzlich bei Sophia für die charmante Begleitung durch dieses schöne Zeitfenster und wünschen „beaucoup de plaisier" für den Abend – vielleicht sieht man sich nochmal.

Schloss Mannheim

Nach diesem erlebnisreichen Tag in der Schwetzinger Residenz Kurfürst Carl Philipps kommen wir in den Januar 1742, sein letztes Regierungsjahr. Gerade hatte man im Mannheimer Schloss ein großes Fest gefeiert, die Doppel-Hochzeit seiner Enkelin Elisabeth Augusta mit dem Kurprinzen Carl Theodor sowie ihrer Schwester Maria Anna mit Herzog Clemens von Bayern. Zahlreiche Ehrengäste hatten teilgenommen, darunter der Kurfürst und Erzbischof von Köln, Clemens August, sowie der Kurfürst von Bayern, Karl Albrecht. Es war wohl das größte Fest, das Mannheim bis dahin erlebt hatte. Natürlich waren die beiden Ehen, wie bei den hohen Herrschaften üblich, nach dynastischen wie auch mitunter finanziellen Vorgaben arrangiert gewesen. Ein Umstand, der sich, ebenfalls wie üblich, nicht gerade erquicklich auf das spätere Zusammenleben der Eheleute auswirken sollte. Jedenfalls wurde tagelang kräftig gefeiert mit Bällen, Opern, Jagden und Feuerwerk, sowie mit allem, was Küche und Keller hergaben – und das mitten im Winter. Natürlich wollte der greise Carl Philipp möglichst überall dabei sein, auch wenn er sich beim Menuett im Rollstuhl durch den Saal schieben lassen musste. Hier stehen wir halb durchgefroren nahe der Rheinschanze am Ufer und schauen über die mächtigen Festungswälle der Bastion St. Salvator auf das Residenzschloss. Verträumt schwebt es über den verschneiten Baumreihen in der kalten Wintersonne.

Alte Orangerie von Westen

Natürlich hat auch unser Schwetzinger Schloss etwas von dem großen Fest abbekommen. Nur wenige Tage nach der Hochzeit wurde Karl Albrecht in Frankfurt zum Kaiser gekrönt, und vor seiner Rückreise nach München ließ der alte Kurfürst Carl Philipp für einen kleinen, aber feinen Gästekreis eine kleine Maschkera inmitten der schlafenden Orangenbäumchen geben. Hier stehen wir nun in der eisigen Stille eines Winternachmittags hinter der Orangerie und schauen auf den gut eingeheizten Festsaal. Ein paar Wachhabende wärmen sich gerade an einem Kartoffelfeuer und staunen neidisch über die lukullischen Köstlichkeiten der Festtafel. Von einem Zettel liest einer vor:

„Galante Germ Kräppel und Reis-Zimmet, Rothe Krebs Pasteden die aufgeloffen, Terrine vom Indian mit Pflaumen, Reeb Hühnel mit Knobloch gefüllt und zweierley Trauben Muß, Hasen Ziemer à la Sulzbach mit Gemiess und welschen Nüss, Turban vom Rhein Salmon mit Ribisel Salat, junge Kapaunen gebraten mit Senep Krusten und Zibeben, Krautsalat mit Speck, Lewwerknepp, sowie zum Schluss Äpffel Küchlein, allerley Käß und Coffee mit Schoccoladen Zeltlein, Gugelhopf und candierten Früchten".

Wir sehen, hier bleiben keine Wünsche offen.

Schlossblick vom Orangeriesaal

Schließlich hat man uns doch noch entdeckt. Weil wir so durchgefroren aussehen, bringt uns einer der Herren, Obrist Max von Sternfelss, dezent ins Treppenhaus. Durch eine Glastür können wir einen kurzen Blick auf die Festtafel und die sichtlich gut gelaunte, kostümierte Gesellschaft erhaschen – doch halt, wir stellen erstaunt fest, dass jemand fehlt. „Ich kann mir denken, wen Sie vermissen" sagt der Obrist, und grinst uns von der Seite an. „Der Perkeo ist schon lange nicht mehr dabei. Der hat sich ständig über die Gemahlin des Kurfürsten, Violanta Theresia, lustig gemacht. Als Seyne Durchlaucht ihn mal wieder, im Rittersaal im Mannheimer Schloss, zusammenstauchte, hat Perkeo ihm unterm Tischtuch derart ans Schienbein getreten, dass er tagelang im Rollstuhl sitzen musste – wie peinlich. Der Kurfürst hat ihn daraufhin *uff ewiglich* ins Heidelberger Schloss abgeschoben und zum Wächter des Großen Fasses verdonnert. Dort ist es zwar nicht mehr so gesellig, dafür hat er aber genügend zum Schlucken." Der Herr von Sternfelss lächelt süffisant, dann bringt er uns über ausgetretene Treppenstufen nach oben auf den Altan der Sala Terrena. Nachdenklich tönt die Schlossuhr zu uns herüber. Märchenhaft liegt die prächtige Gartenfassade des Schlosses – fast so wie heute – vor uns und träumt zwischen den Schneeflocken von den kommenden Sommertagen.

Faschings-Feuerwerk

Max von Sternfelss bringt uns wieder nach unten und geleitet uns dezent in den warmen Südflügel der Orangerie, eine Wohltat, durchgefroren wie wir sind. Im Dickicht der schlafenden Orangen- und Zitronenbäumchen öffnet sich eine Tür zum Hirschgang, der uns hinüber zum Küchenbau des Schlosses führt. Unter den Hirschgeweihen erzählt uns Max ein bisschen was über die Jagd bei Hofe. Schließlich ist sie eines der Haupvergnügungen der Herrschaften – und nichts für schwache Nerven. Der Wildreichtum in den Wäldern und Feldern ist legendär und nicht mehr mit Heute zu vergleichen. Deshalb ist man auch nicht zimperlich mit dem Wild, es gibt ja genug davon. Dann erklärt er uns: „Bei einer Parforcejagd reiten die Jäger mit ihren Hunden tatsächlich dem Wild nach, bis sie es erlegen können, dafür muss man noch ein ganzer Kerl sein. Bei der eingestellten Jagd ist das einfacher, und das Vergnügen steht im Vordergrund. Deshalb sind hier auch die Damen dabei. Das Wild wird schon Tage vorher, sofern es nicht „durch die Lappen" gegangen ist, von den Bauern zu Gruppen zusammengetrieben. Bei der anschließenden Prunkjagd brauchen die Herrschaften nur noch die Tiere mit ihren Flinten und Büchsen zu erlegen – besonders für die gepuderten Damen ein grand plaisier." Schließlich sind wir in der Schlossküche angekommen, wo wir den Nachmittag bei einer guten Vesper verbringen. Dann ist es überraschend Abend geworden, und ein lautes Knallen treibt uns neugierig hinaus auf die Schlossterrasse. Ein kleines Feuerwerk zu Ehren des frisch vermählten Kurprinzenpaares erfreut nicht nur die Faschingsgesellschaft. Auch wir genießen den tollen Augenblick und schließen für heute unser Zeitfenster.

Winter-Geheimnisse

Unser Blick ins Zeitfenster Carl Theodors beginnt an einem kalten Wintermorgen im Jahr 1743. Wie schon so oft stehen wir im Westen und schauen auf unsere kleine Residenzstadt. Schloss und Orangerie träumen noch verschlafen hinter verschneitem Buschwerk. Darüber breitet sich ein strahlender Morgenhimmel, dessen aufgehende Sonne uns viel Schönes und Überraschendes für die Regierungszeit des neuen Kurfürsten zu versprechen scheint. Noch können wir nicht ahnen, was er so alles vorhat. Sein Wirken und seine Verdienste um Schwetzingen und die Kurpfalz verbergen sich als Geheimnisse im Leuchten dieser herrlichen Morgensonne.

Durchgefroren genießen wir diesen stillen Augenblick, da werden wir unversehens durch Hundegebell auf einen nahenden Reisezug aufmerksam. Der junge Kurfürst hat sich noch vor Tagesanbruch zusammen mit seiner Frau, ein paar Kavalieren und – einem Dutzend heißer Ziegelsteine – in Mannheim in die Kutsche gesetzt. Jetzt wollen sie mal in der maroden Schwetzinger Orangerie nachsehen, ob es die Zitronenbäumchen dort noch richtig warm haben. Dies war natürlich eine „Schnapsidee" des jungen Paares, aber einen wärmenden Tropfen hat man bei dieser Kälte auch bitter nötig. Auf ihre dabei reifenden Neubaupläne für Schloss und Garten dürfen wir gespannt sein.

Kurfürst Carl Theodor • 1743 – 1799

Schwetzingen im Goldenen Zeitalter

Für unser nächstes und vorletztes Schwetzinger Zeitfenster machen wir einen Abstecher zum heutigen Bismarckplatz. Nach dem Öffnen stehen wir in einer anderen Welt. Vor uns führt die Landstraße, von Oftersheim kommend, in einer sanften Biegung auf das Oberdorf zu. Gerade ist ein sommerlicher Regenschauer über unsere kleine Residenzstadt gezogen, und die Wiesen und Felder entlang des Weges duften nach frischem Grün. In der Ferne sehen wir die ersten Häuser des Oberdorfes, das Viertel um die Forsthausstraße und die Schieferdächer des Südlichen Zirkelbaus. Dahinter grüßt das frisch gestrichene fürstliche Residenzschloss zu uns herüber. Auch das Obere Wasserwerk ist jetzt zu erkennen, und die Pankratiuskirche hat ihren neuen Turm bekommen. Carl Theodor regiert jetzt schon 25 Jahre unsere Kurpfalz, und Schwetzingen sonnt sich als Sommerresidenz in fürstlichem Glanz. Kaum ein prominenter Reisender versäumt es, in den Sommermonaten hier vorbeizuschauen, um das Schloss, das Theater mit seinem berühmten Orchester und vor allem den herrlichen Park zu bewundern. Machen wir uns also auf zu unserem letzten Weg rund um das historische Schwetzinger Schloss. So manche Überraschung wird auf uns warten.

Bei der Johannesbrücke

Wenn wir uns nun rechts halten, kommen wir nach ein paar Schritten zum Leimbach. Er kommt gemütlich von Oftersheim hergeflossen, und die ihn begleitende Landstraße muss ihn hier über eine schöne alte Steinbrücke überqueren. Doch bevor wir uns den barocken Schönheiten der Sommerresidenz zuwenden können, läd uns der Brückenheilige zu einem frommen, besinnlichen Innehalten ein. Dann umfängt uns schnell die Wärme des Sommertages und die würzige Landluft der Gärten und Felder. Über die nahe Pferdekoppel schweift unser Blick hinüber zum südlichen Ortsrand des Marktfleckens Schwetzingen. Ein schönes Panorama, das wir heute so nicht mehr genießen können, breitet sich vor uns aus. Die Häuser der Friedrichstraße sowie das Bahnhofsviertel mit der Bismarckstraße versperren uns heute diesen Blick. Doch jetzt können wir hinüberschauen bis zu den Häusern am Schlossplatz und den beiden Türmchen der reformierten und der lutherischen Kirche. Rechterhand sehen wir den imposanten kurfürstlichen Marstall und noch weiter rechts das Franziskanerkloster. Von hier aus führt die Maulbeerallee schnurgerade nach Heidelberg, und weil wir noch nie einen Maulbeerbaum gesehen haben, müssen wir uns diese Allee unbedingt mal aus der Nähe anschauen.

Die Maulbeerallee nach Heidelberg

Nach dem Passieren der Brücke kommen wir zur großen Gartenmauer des Franziskanerklosters. Neben Gemüse bauen die Mönche auch noch Hopfen an.

Wir biegen um die Ecke und kommen über eine Gänsewiese zur östlichen Stadteinfahrt. Kaum zu glauben, dass sich heute an diesem Platz die Bahnunterführung befindet. Der Blick durch unser Zeitfenster lässt davon noch nichts erahnen. Dafür können wir jetzt endlich die berühmte Maulbeerallee bewundern, die von Schwetzingen schnurgerade, an Plankstadt vorbei, nach Heidelberg führt. Kurfürst Carl Theodor hat die Seidenraupenzucht in der Kurpfalz eingeführt, als zusätzliche Einnahmequelle für die Untertanen, aber natürlich auch zu seinem eigenen Nutzen. Die Raupenzucht wird als Hausgewerbe betrieben, und um 1780 gibt es in der rechtsrheinischen Pfalz ca. 110000 Maulbeerbäume. Die Qualität der gewonnenen Seide ist gut und übertrifft sogar manch ausländische Ware. Beliebt ist die Raupenzucht bei den Bürgern aber nicht, denn das ganze Gewerbe ist mit der Zeit zu einer regelrechten Zwangsmaßnahme geworden. Die Bäume müssen unentgeltlich gepflegt werden, und wer einen beschädigt oder fällt, muss mit einer saftigen Strafe rechnen. Wir genießen noch ein bisschen das Rauschen der Alleebäume im Sommerwind und den schönen Blick durch die Auffahrtsallee zum Schloss. Linkerhand erkennen wir wieder das Kloster, an der Ecke zur heutigen Bahnhofsanlage, und den Marstall. Auf dem Schlossdach entdecken wir noch die kleine Kuppel der Sternwarte, die der Astronom Johann Christian Mayer für den Kurfürsten hat bauen lassen, zur Beobachtung des Sternenhimmels sowie zur geografischen Vermessung der Kurpfalz.

Abend am Marstall

Nach so viel Drumherum wollen wir uns jetzt die kleine Residenz etwas näher anschauen. Bescheidene, aber schmucke Bürger- und Bauernhäuser begleiten unseren Weg, und dann stehen wir vor dem größten Gebäude der Stadt, dem kurfürstlichen Marstall. Den ließ Pfalzgraf Friedrich Michael von Zweibrücken für die Wachsoldaten des Schlosses und seine ihm unterstellten pfälzischen Truppen bauen. Über seinem großen Tor bewundern wir gerade das prächtige Kurpfälzer Wappen, da tippt uns jemand von hinten auf die Schulter. Wir fassen es kaum, denn es ist unsere liebe Freundin aus dem vorigen Zeitfenster, Sophia von Königstein. Sie ist natürlich etwas älter geworden, und das alte Jagdkostüm passt ihr nicht mehr … Aus Freude über unser Wiedersehen laden wir sie spontan zu einem Glas Wein in den Weißen Schwan gegenüber ein. Hier verrät sie uns, dass Pfalzgraf Friedrich Michael der Gemahl der jüngsten Schwester von Kurfürstin Elisabeth Augusta ist. Die Ehe ist, wie so oft bei den besseren Herrschaften, nicht gerade harmonisch, und beide Seiten nutzen jede Gelegenheit für eine kleine Abwechslung. Als die Pfalzgräfin sogar von einem Schauspieler ein Kind bekam, war das Maß voll, und sie musste für mehrere Jahre „zur Besserung“ in ein Kloster umziehen. Nach all unserer Plauderei ist es Abend geworden, und vor dem Marstall verabschieden sich gerade die Soldaten zum Zapfenstreich. Auch wir nehmen Abschied von Sophia und machen uns auf den Weg zum „Grünen Baum“ am Schlossplatz.

Es gibt nur zwei Dinge, die unendlich sind:
das Weltall und die menschliche Dummheit.

Albert Einstein

Sternwarte auf dem Schlossdach

Nachdem wir uns im nahen „Grünen Baum“ für die Nacht einquartiert haben, schauen wir aus unserem Stubenfenster auf den nächtlichen Schlossplatz. Vom alten Kirchturm schlägt es Elf, und der vorbeiziehende Nachtwächter grüßt still zu uns herauf. Natürlich erst, nachdem er ordentlich in sein Horn geblasen hat. Doch beim Blick hinüber zum Schloss fällt uns etwas auf. Oben auf dem Dach entdecken wir, in einen hellen Lichtschein gehüllt, eine kleine Personengruppe. Sicher ist das der Hofastronom Carl Theodors, der Jesuitenpater Christian Mayer, der wieder mal nach den Sternen schaut. 1764 hat er im Auftrag des Kurfürsten ein kleines Observatorium auf das Schwetzinger Schlossdach bauen lassen. Dort betrachtet er bei günstigem Wetter den Sternenhimmel. Am Tag nimmt er Vermessungen für seine geografischen Arbeiten und Landkarten vor. Sicher hat er heute Abend wieder Besuch von interessierten Herrschaften. Christian Mayer ist schließlich einer der angesehensten und berühmtesten astronomischen Wissenschaftler seiner Zeit. Allerdings hat er sich für seine Arbeiten im Laufe der Zeit immer mehr Geräte angeschafft, weshalb das kleine Türmchen auf dem Schlossdach natürlich zu eng wurde. Einige Jahre später wird er deshalb in die neue Sternwarte nach Mannheim umziehen, die der Kurfürst eigens für ihn wird bauen lassen.

Ich will, bevor ich sterbe, noch einer Pflicht genügen und einen Trost genießen: ich will Schwetzingen wiedersehen. Dieser Gedanke beherrscht meine ganze Seele…

Voltaire

Schlossgarten-Parterre und Spiegelweiher

Was für ein schöner Sommertag in Schwetzingen! Nach einer erholsamen Nacht und einem rustikalen Frühstück für zusammen 6 Kreuzer hält uns nichts mehr im „Grünen Baum". Jetzt wollen wir endlich den Schlossgarten Carl Theodors besuchen, und unser Wirt rät uns, den Weg über den Schlossplatz, vorbei am Wasserwerk, zur Zollbrücke zu nehmen. Dort stünden zwei Wachhabende, die immer gut gelaunt seien und uns sicher einlassen. Der Wirt hatte recht, und nach zehn Minuten und einem Kreuzer Trinkgeld stehen wir auf der Schlossterrasse. Dort begrüßen uns die Vasen der „Vier Weltzeitalter", und wir schauen auf das festliche Kreisparterre. Wie eine riesige Windrose liegt es vor dem Schloss, eingefasst vom Halbkreis der Zirkelhäuser und den grünen Laubengängen. Der Gartenkünstler und Architekt Johann Ludwig Petri hatte die Pläne dazu gemacht. Doch wo ist unsere Orangerie geblieben? Die war marode und baufällig und wurde kurzerhand abgerissen. Jetzt gehen wir staunend, am Arionbrunnen vorbei, durch die bunten Teppichbeete der Broderien, und kommen zur Hirschgruppe. Neugierig werden wir von ein paar flanierenden Herrschaften beobachtet, doch jetzt können wir das ganze Parterre überblicken. Fast sieht alles schon so aus wie heute. Schade nur, dass man den prächtigen Spiegelweiher mit seiner Kaskade später zuschütten und durch eine Rasenfläche ersetzen wird, aber es kommt ja bekanntlich alles einmal wieder …

Kurfürstin Elisabeth Augusta • 1721 – 1795

Gartentheater und Apollotempel

Da wir noch jede Menge Zeit haben, wollen wir uns natürlich im ganzen Park umschauen. Bis auf kleine gärtnerische Details sieht alles schon fast so aus, wie wir es heute kennen. Natürlich gibt es viel mehr Kübelpflanzen, Blumen und Gitterwerk. Dafür hat der Kurfürst auch das Zehnfache, sowohl an Personal als auch an Gulden, als unsere heutige Gartenverwaltung. Alle Gärten und Bauten hat er von seinem Oberbaudirektor Nicolas de Pigage entwerfen und ausführen lassen. Namhafte Künstler wie Peter Anton von Verschaffelt oder Franz Konrad Linck haben die unzähligen Figuren und Bildwerke dazu beigesteuert. Das Meiste können wir heute noch bewundern, nur das Gartentheater ist viel festlicher. Der ovale Platz wird von einem Laubengitter eingefasst, und zwei prächtige Proszenien aus Gitterwerk nehmen unseren Apollotempel mit seiner Kaskade kulissenartig in ihre Mitte. Wir können uns gut vorstellen, wie sich der Kurfürst hier zusammen mit seiner Gemahlin Elisabeth Augusta bei kleinen Konzerten und Komödien amüsiert, wenn auch die beiden ansonsten wenig miteinander zu lachen haben. Meistens amüsiert sich unsere Kurfürstin ohne ihn – in ihrem Schloss in Oggersheim – aber das ist leider eine andere Geschichte.

Ein himmlisches Vergnügen

Nach dem Besuch des Gartentheaters machen wir einen kleinen Abstecher hinüber zum Nördlichen Zirkelhaus, der neuen Orangerie. Dort wollen wir uns mal den reichen Bestand an exotischen Pflanzen anschauen. Doch welche Überraschung: Freudig treffen wir wieder auf unsere Sophia, die sich gerade ein paar Granatäpfel beim Hofgärtner „ausgeliehen" hat. „Die brauch ich als Präsent für den Besuch bei einer befreundeten Hofdame" sagt sie uns. Da erzählen wir ihr von unserer Beobachtung auf dem Schlossdach vom letzten Abend, und schon hat sie wieder eine interressante Geschichte für uns parat. Sie erzählt uns, dass sie hier mal vor einigen Jahren, so um 1761 herum, ein kurioses Ereignis beobachtet hat. Auf der Rasenfläche zwischen den Zitronenbäumchen war ein kleines Holzhäuschen aufgebaut. Am frühen Morgen des 6. Juni trafen sich dort der astronomiebegeisterte Kurfürst Carl Theodor, sein Hof-Astronom Christian Mayer sowie einige Kavalliere des Hofes, um einem seltenen Himmelsereignis beizuwohnen. Zahlreiche astronomische Geräte und einen großen Quadranten hatte man eigens dazu herbeigeschafft. Gespannt warteten alle auf den Moment, an dem der kleine schwarze Punkt der Venus an der großen Sonnenscheibe vorüberziehen wird. Leider hatte das Wetter an diesem Morgen keine allzu gute Figur gemacht. Wegen des Nebels und der stark wechselnden Bewölkung konnten die Herrschaften leider nur kurze Augenblicke dieses seltenen „Venusdurchgangs" erhaschen. Trotzdem war der Kurfürst so begeistert, dass er daraufhin von Christian Mayer das kleine Observatorium auf dem Schlossdach errichten ließ. Da wir nun wieder ein Zeitfenster schließen müssen, verabschieden wir uns von unserer Sophia und danken ihr herzlich für all die schönen Momente mit ihr durch das ganze 18. Jahrhundert.

Frühling hinter dem Schlossgarten

Nach diesem herrlichen Sommertag im Schlossgarten Kurfürst Carl Theodors wollen wir nun zum Abschluss unserer Zeitreise das letzte Zeitfenster öffnen und uns durch die vier Jahreszeiten hindurch vom historischen Schwetzingen verabschieden. Hier stehen wir an einem schönen Frühlingsmorgen an der Landstraße nach Ketsch und schauen über Wiesen und Spargelfelder hinüber zum Schlossgarten. Hinter der Schlossgartenmauer erkennen wir die Merkurtempel-Ruine, und weil die Bäume noch nicht so hoch sind wie heute, kann uns die Moschee ihren orientalischen Gruß zu uns herüberschicken. Im Park ist es jetzt etwas ruhiger geworden. Im Herbst 1778 hat Kurfürst Carl Theodor Mannheim und seine Kurpfalz verlassen und ist nach München umgezogen. Sein bayerischer Vetter Kurfürst Max Joseph war dort ohne Nachkommen gestorben, und Carl Theodor ist nun Herr über sämtliche Länder der Wittelsbacher. Gerne ist er nicht gegangen, gelegentlich kommt er noch zu einem Kurzbesuch in Schwetzingen vorbei. Aus Liebe zu seinem Park lässt er sogar noch kostspielig weiterbauen, und so entstehen die romantischen Ruinen und die prächtige Moschee. Auch wenn die Kurpfälzer immer wieder hofften, geblieben ist der Kurfürst nicht mehr. Nur Elisabeth Augusta war natürlich nicht mit nach München gegangen und darf sich, von Oggersheim aus, als mildtätige Landesmutter betätigen.

Sommer beim Unteren Wasserwerk

Es ist Sommer geworden. Auf unserem Spaziergang um den Schlossgarten sind wir bei einem besonderen Bauwerk angekommen, dem Unteren Wasserwerk. Sein älterer Kumpan, das Obere Wasserwerk, steht direkt hinter dem Schloss beim „Blauen Loch". Als dieses für den Betrieb der Wasserspiele im Park nicht mehr ausreichte, musste man zur Unterstützung ein neues Werk bauen. Als Standort wählte man den Austritt des Leimbachs aus dem Garten direkt hinter der Römischen Ruine. Von dort aus kann es dezent über seine mächtigen Schöpfräder und Pumpen alle neuen Wasserkünste im nördlichen Teil des Parks versorgen. Im Gebäude nebenan ist als technische Besonderheit die Knochenmühle untergebracht, denn gleich um die Ecke steht das fürstliche Schlachthaus. Seine Überreste werden in der Mühle zu Knochenmehl verarbeitet, das zum Düngen der herrschaftlichen Blumenrabatte ebenso Verwendung findet wie auch als Futter für die Meute der Jagdhunde und die Tiere des Geflügelhofs. Wir sehen, hier verkommt nichts. Der entlegene Standort der Gebäude bei den Krautgärten wurde natürlich ganz bewusst gewählt, wollte man doch die verwöhnten Nasen und Ohren der parfümierten Herrschaften des Hofes nicht mit Lärm und Gestank malträtieren. Durch die Abgeschiedenheit ist das Untere Wasserwerk dann später in einen stillen Dornröschenschlaf gefallen und unverändert erhalten geblieben. Heute öffnet uns sein alter Eisenschlüssel wieder bei Führungen die Tür zu diesem einzigartigen, schön renovierten, technischen Baudenkmal – ganz ohne Lärm und ohne Gestank!

Herbstlicher Blick auf Schwetzingen

In unserem Zeitfenster will das Jahr langsam zu Ende gehen. An einem milden Herbstnachmittag 1784 kommen wir von einem Ausflug auf den Grenzhof auf der Landstraße zurück nach Schwetzingen. Auf einer kleinen Bank am Wege machen wir noch einmal Rast, da rumpelt die Postkutsche, von Heidelberg kommend, an uns vorbei. Da wir dem Kutscher merkwürdig vorkommen, macht er kurz Halt, und ein blasser junger Mann steigt aus, um eine Prise Schnupftabak zu nehmen. Nach freundlichem Gruß stellt er sich kurz als Friedrich Schiller vor. Er verrät uns, dass er eigentlich nach Mannheim will, um sich dort mit seiner Freundin Charlotte von Kalb zu treffen. Da aber gerade jetzt im Herbst die Mannheimer ihre Festungstore früher verrammeln, muss er wieder mal, wie schon so oft, in Schwetzingen übernachten. Er freut sich schon jetzt auf seinen Spaziergang im Schlossgarten, weil er in seiner zauberhaften Stimmung immer auf gute Ideen für seine Gedichte und Dramen kommt. Frau von Kalb muss also bis Morgen warten. Schnell verabschiedet er sich in die Kutsche, und wir sind mächtig stolz auf dieses historische Treffen. Bei dieser Gelegenheit müssen wir natürlich an all die vielen anderen Berühmtheiten denken, die Schwetzingen ihren Besuch abstatteten: Mozart und Gluck, Voltaire und Schubart, Lessing, Herder und Klopstock, Hölderlin und Eichendorff – ja, und natürlich auch Casanova, der in seinen Memoiren schrieb, „in Schwetzingen war es köstlich gewesen". Wir genießen noch ein bisschen auf unserer Bank das herbstliche Panorama unserer kleinen Residenzstadt, und dann suchen auch wir uns ein Quartier für die Nacht, vielleicht im Ochsen, wie der Herr Schiller.

Winter bei der Sternallee

Am Ende unseres letzten historischen Schwetzinger Zeitfensters ist es Winter geworden. Am Vormittag waren wir in Walldorf gewesen, um eine Kiste feiner Zigarren zu kaufen. Als wir beim Dorfmetzger Astor noch ein Paar Mettwürste mitnehmen wollen, kommen wir natürlich ins Gespräch. Wie viele Kurpfälzer Familien leben auch die Astors trotz täglicher harter Arbeit in sozialen Umständen „zum Gotterbarmen". Einer seiner Buben, Johann Jakob, sei deshalb nach Amerika ausgewandert und habe dort nach langen Abenteuern einen Pelzhandel gegründet. „Dem geht es jetzt richtig gut, und Geld hat er uns auch schon geschickt". Nach unserem Einkauf hat uns nun ein freundlicher Rossknecht mit seinem Fuhrwerk, gut eingewickelt in warme Decken, durch den Wald über Oftersheim nach Schwetzingen gebracht. Am Eingang zum alten Jagdgebiet der Sternallee setzt er uns ab, und wir schauen über die Wiesen und Felder des Schälzig auf Schwetzingen. Die Sternallee war unter Carl Theodor ein großes Waldstück in Form eines Jagdsterns mit einem beliebten Ausflugslokal für die feine Gesellschaft gewesen. Jetzt hat sich die Natur das künstliche Heckenlabyrinth wieder zurück erobert, und nur die Füchse und Eulen amüsieren sich noch in den weiten Alleen. Hier in der Kälte des Wintertages spüren wir jetzt deutlich den kommenden Wandel der Zeiten für die Menschen in der Kurpfalz und in Schwetzingen.

Ihr glücklichen Augen, was je ihr gesehn,
es sei, wie es wolle, es war doch so schön.
J. W. von Goethe

Abschied bei der Römischen Ruine

Nun wollen wir das letzte Zeitfenster mit Blick in die Baugeschichte des Schwetzinger Schlosses schließen. Wir machen dazu noch einmal einen Winterspaziergang um den stillen Schlossgarten zu den Krautgärten und den Mühlen am Leimbach und dem Unteren Wasserwerk. Verträumt und mahnend zugleich erinnert uns die Römische Ruine an Schicksal und Vergänglichkeit aller Epochen, in die wir durch unsere Zeitfenster hatten blicken dürfen. Von Frankreich herüber hat die Revolution neue Ideale und neue Machtverhältnisse ins alte Deutsche Reich gebracht. Als Kurfürst Carl Theodor 1799 in München stirbt, greift Napoleon entgültig zu, sichert sich das ganze linke Rheinufer und beendet wenig später die über 700jährige Geschichte der Kurpfalz. Der neue Kurfürst Maximilian Joseph muss von München aus zusehen, wie 1803 seine rechtsrheinische Pfalz mit Mannheim, Heidelberg und Schwetzingen an den neuen badischen Großherzog Karl Friedrich vergeben wird. Dafür wird er drei Jahre später erster König von Bayern – kein schlechter Tausch. Für die Menschen in der nunmehr badischen Pfalz bricht unter ihren neuen Herrschaften im Karlsruher Schloss für die nächsten hundert Jahre eine neue Zeit an. Schwetzingen wird zur Amtsstadt erhoben und entwickelt sich durch aufblühendes Gewerbe und Industrie zu jenem lebendigen Gemeinwesen, wie wir es heute kennen. Schloss und Garten werden unter Gartendirektor Johann Michael Zeyher fachkundig und behutsam gepflegt und durch intensive Bemühungen der heutigen Schlösserverwaltung in jenem Zustand gehalten, den wir heute genießen können – in dankbarer Erinnerung an alle Generationen, die mit seinem Schicksal eng verbunden sind.

Gedanken zum Schluss

Fantastische Impressionen aus einer fernen Zeit – so war es am Anfang dieses Buches zu lesen. Fantastisch zum einen, weil uns die Farbigkeit und Lebendigkeit der Bilder überrascht hat. Fantastisch aber auch, weil viele Details des Schlosses und seiner Umgebung unserer Fantasie überlassen bleiben müssen. Zu lange liegt die Zeit zurück, in der die gezeigten Motive Wirklichkeit waren. Nur spärliche schriftliche Überlieferungen sowie wenige brauchbare Bildquellen über Schloss und Stadt lassen uns mit unseren Vermutungen über ihre Gestalt durch die Vergangenheit hindurch alleine. Und auch die Fotografie war ja noch nicht erfunden. So manche namhafte Archäologen und Historiker haben in den letzten Jahrzehnten versucht, mit ihren Forschungsarbeiten den einzelnen Bauphasen des Schlosses auf die Spur zu kommen, jeder für sich mit den Mitteln und dem Wissen seiner Zeit. In diesem Buch habe ich versucht, alle diese Informationen in zauberhafte Bilder umzusetzen, welche die Gestalt von Schloss und Stadt in ihrer Vergangenheit für uns wieder erlebbar machen sollen. Die Begleittexte führen auf heitere und besinnliche Weise zugleich durch die Zeitfenster der 600 Jahre Bau- und Zeitgeschichte der Schwetzinger Residenz.

Es war keine leichte Aufgabe, die wenigen fachlichen Informationen mit meinem Wissen über historische Architektur und Kunstgeschichte zu verbinden, um die hier gezeigten Bilder und Texte zu erstellen. Mein Blick in die Geschichte des Schlosses dauerte vier Jahre und war geprägt von intensiver Arbeit mit meinem Freund Mac, dem Computer. Natürlich hatte ich auch hin und wieder Spaß am Improvisieren, nach bestem Wissen und Gewissen. Wie bereits erwähnt, lässt sich das genaue Aussehen der Schwetzinger Schlossanlage durch die Jahrhunderte nicht mehr exakt rekonstruieren. Die historischen Quellen sind zu dürftig, und die Grabungsergebnisse und Bauuntersuchungen der letzten Jahrzehnte blieben oft unvollständig und rätselhaft.

So ist dieses Buch kein wissenschaftliches Werk. Es soll den interessierten Leserinnen und Lesern beim Durchsehen einfach nur die Freude bereiten, die auch ich beim Erstellen der Bilder und Texte hatte. Es soll durch die Geschichte des Schwetzinger Schlosses führen und zeigen, wie dieses Bauwerk und seine Umgebung durch bewegte Zeiten, geprägt von Fürstengunst und Kriegsgeschrei, stetig ihre Gestalt veränderten. Es soll uns erinnern an seine fürstlichen Bewohner, die ihm Gestalt und Bedeutung gegeben haben, an Baumeister, Handwerker und Künstler, die immer wieder daran gebaut haben, sowie an alle Menschen in Schloss und Stadt, deren Lebenswelt stets mit dem Schicksal dieses Fürstensitzes eng verbunden war. Die Zeitfenster des Buches lassen uns neben der Schlossarchitektur in längst vergangene Lebenswelten blicken, geprägt von Arbeit, Krankheit und Unfreiheit, ohne Wasser, Licht und Strom, sowie ohne medizinische Versorgung. Und der Tod war im Leben der Menschen, ohne Standesunterschiede, viel präsenter, als wir uns dies heute vorstellen können. Umso wertvoller müssen wir all die schönen Dinge erachten, die uns unsere Vorfahren, trotz aller Widrigkeiten, hinterlassen haben.

Dieses kleine Buch soll die Atmosphäre längst vergangener Zeiten vermitteln und mit seiner Farbigkeit und Lebendigkeit einfach nur verzaubern. Und schließlich kann man es sogar in die Tasche stecken und zum nächsten Spaziergang rund um Schloss und Garten mitnehmen. Dann kann man überrascht die Bilder der Vergangenheit mit dem heutigen Bau vergleichen und nachdenklich an die Worte am Anfang dieses Buches denken – dass nichts so bleibt, wie es war!

Es war mir ein Vergnügen …

Manfred Bender, Hockenheim, im Herbst 2023

Zeittafel *nach dem Familienvertrag von Pavia 1329*

Rudolf I. der Stammler • Pfalzgraf bei Rhein, Herzog von Bayern 1294–1319
Pfälzische Linie der Wittelsbacher

Ludwig der Bayer • Pfalzgraf bei Rhein 1319–1329
Herzog von Bayern, deutscher König und Kaiser 1314–1347
Bayerische Linie der Wittelsbacher

Alte Kurlinie

Rudolf II. der Blinde • Pfalzgraf bei Rhein und Kurfürst 1329–1353

Ruprecht I. der Große • Kurfürst 1329–1390

Ruprecht II. der Harte • Kurfürst 1390–1398

Ruprecht III. • Kurfürst 1398–1410, deutscher König 1400–1410

Ludwig III. der Bärtige • Kurfürst 1410–1436

Ludwig IV. der Sanftmütige • Kurfürst 1436–1449

Friedrich I. der Siegreiche • Kurfürst 1449–1476

Philipp I. der Aufrichtige • Kurfürst 1476–1508

Ludwig V. der Friedfertige • Kurfürst 1508–1544

Friedrich II. der Weise • Kurfürst 1544–1556

Ottheinrich • Kurfürst 1556–1559

Pfalz-Simmern

Friedrich III. der Fromme • Kurfürst 1559–1576

Ludwig VI. • Kurfürst 1576–1583

Johann Kasimir • Pfalzgraf und Administrator 1583–1591

Friedrich IV. • Kurfürst 1583–1610

Friedrich V. • Kurfürst 1610–1632, König von Böhmen 1619/20

Karl Ludwig • Kurfürst 1633/1649–1680

Karl II. • Kurfürst 1680–1685

Pfalz-Neuburg

Philipp Wilhelm • Kurfürst 1685–1690

Johann Wilhelm • Kurfürst 1690–1716

Carl Philipp • Kurfürst 1716–1742

Pfalz-Sulzbach

Carl Theodor • Kurfürst 1743–1799

Pfalz-Zweibrücken

Maximilian Joseph • Kurfürst 1799–1803, König von Bayern 1806

Bauphasen der Schwetzinger Schlossanlage

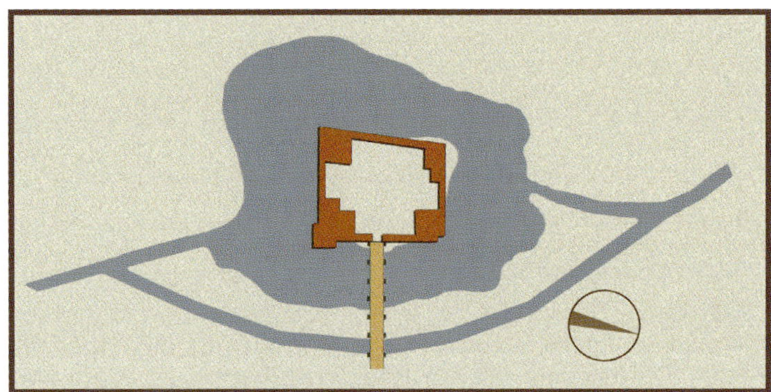

Frühe Burganlage Mitte 14. Jahrhundert unter Kurfürst Ruprecht I.

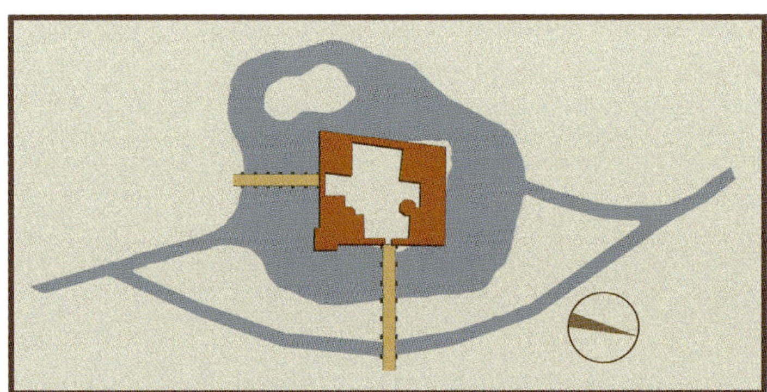

Erweiterte Wasserburg Anfang 15. Jahrhundert unter Kurfürst Ruprecht III.

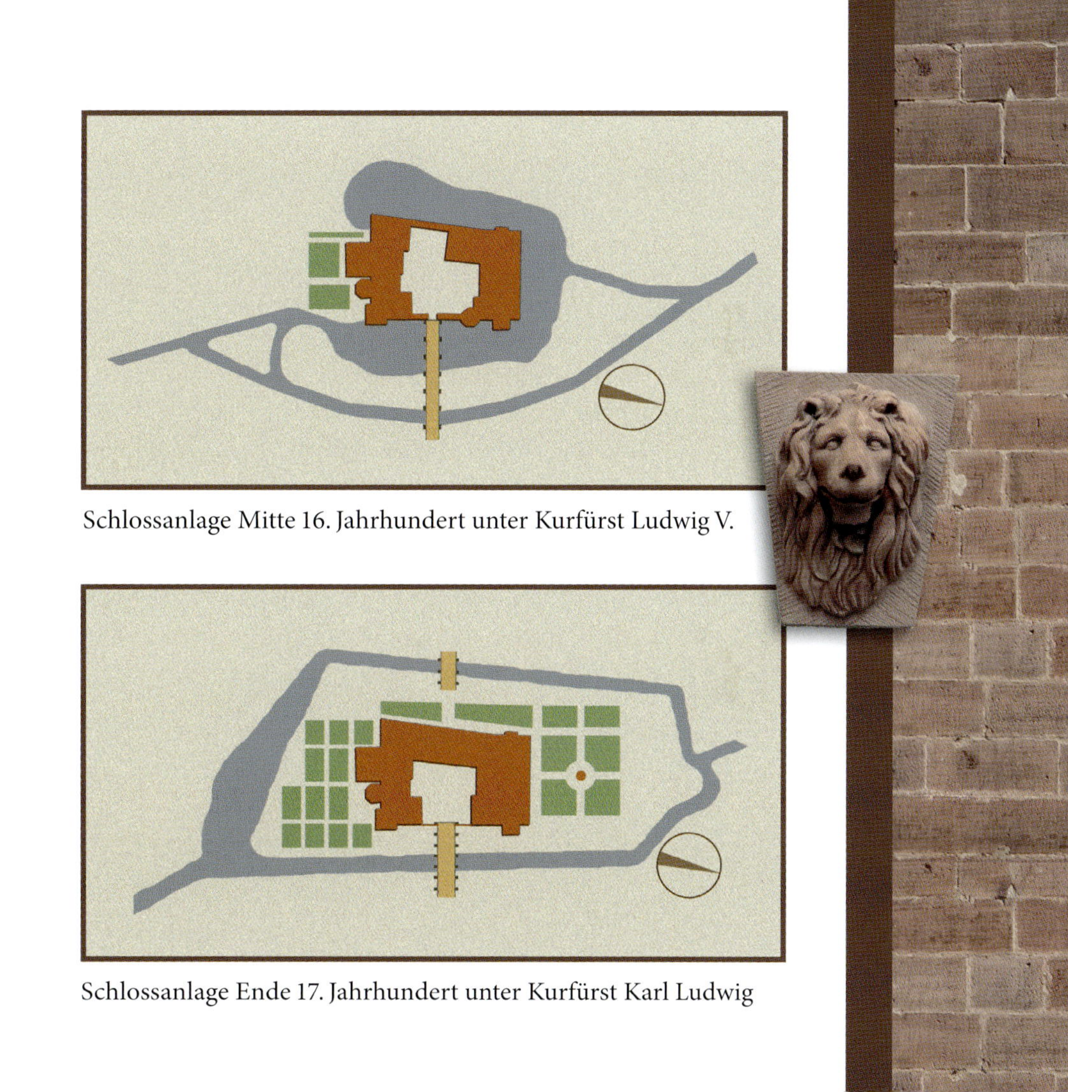

Schlossanlage Mitte 16. Jahrhundert unter Kurfürst Ludwig V.

Schlossanlage Ende 17. Jahrhundert unter Kurfürst Karl Ludwig

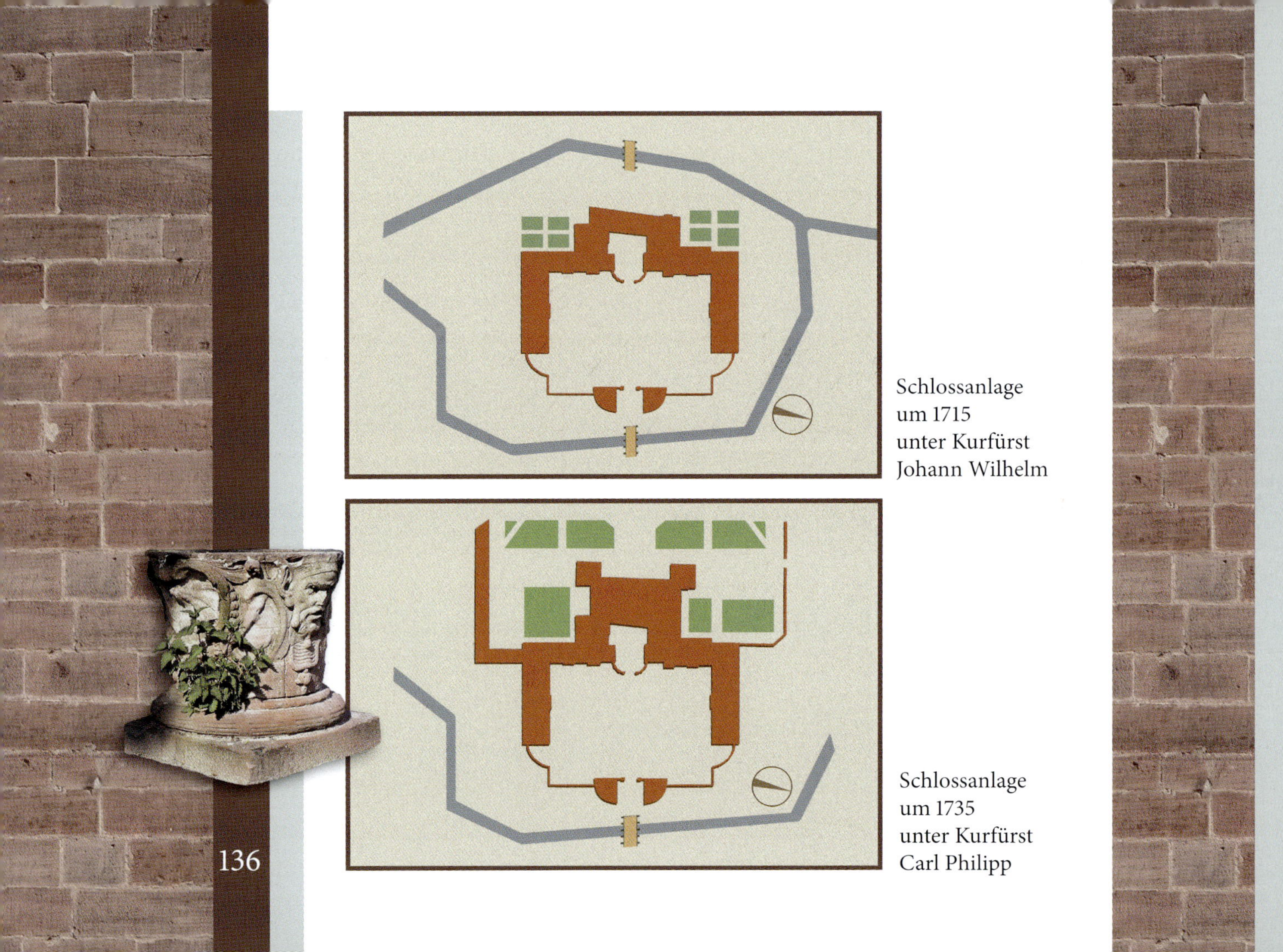

Schlossanlage
um 1715
unter Kurfürst
Johann Wilhelm

Schlossanlage
um 1735
unter Kurfürst
Carl Philipp

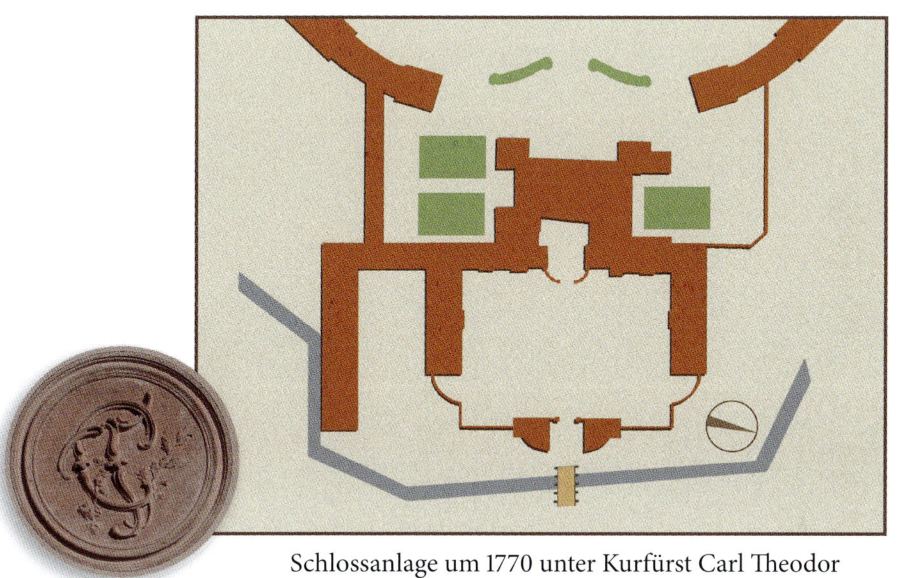

Schlossanlage um 1770 unter Kurfürst Carl Theodor

Die Informationen für die hier aufgenommenen Grundrisse der Schwetzinger Schlossanlage stammen aus den auf Seite 142 angegebenen Quellen. Die archäologischen und archivalischen Erkenntnisse über das genaue Aussehen der Anlage, vor allem in der Frühzeit, sind allerdings sehr lückenhaft, sodass diese Darstellungen nur ein Versuch der Rekonstruktion sein können.

Zauber der Proportionen

Stellen wir die alte Schwetzinger Wasserburg des 15. Jahrhunderts passgenau vor die heutige Schlossfassade, so staunen wir ungläubig über die Zierlichkeit der ursprünglichen Anlage – erscheint uns doch unser heutiges Schloss als bescheiden gegenüber anderen Schlossbauten aus derselben Barockzeit.

Auch beim Blick auf die Südseite überrascht uns die Bescheidenheit der mittelalterlichen Burganlage im Vergleich zum heutigen Bau. Proportionen und Perspektiven treiben hier mit unseren Sinnen ein überraschendes Wechselspiel. Wieder sehen wir einmal mehr: Nichts bleibt so, wie es war.

Über den Autor

Manfred Bender, geboren 1956 in der Rennstadt Hockenheim, ist gelernter Schriftsetzer und Mediengestalter. Nach seiner Schul- und Lehrzeit war er in verschiedenen renommierten Fachbetrieben der Druckindustrie als Fotosetzer in der Buch- und Zeitschriftenproduktion tätig. Danach arbeitete er viele Jahre für einen internationalen Wissenschaftsverlag in Heidelberg im Bereich der Buchcovergestaltung.

Sein Hauptinteresse gilt allerdings seit seiner Jugend der Kunstgeschichte und der Heimatkunde sowie dem Schwetzinger Schlossgarten. Als begeisterter Hobby-Fotograf bereiste er ganz Deutschland und natürlich im Besonderen seine kurpfälzische Heimat. Mit seinen Bildern überraschte er bei zahlreichen öffentlichen Vorträgen ein begeistertes Publikum. Dazu gesellte sich noch als weiteres Steckenpferd das Anfertigen von Modellen abgegangener historischer Gebäude. So entstanden für die Reiss-Engelhorn-Museen in Mannheim die Modelle der Mannheimer Stadttore und eines Stadtquadrats aus der Zeit des Kurfürsten Karl Ludwig. Als letzte Arbeit fertigte er für das Schlossmuseum in Waghäusel ein Modell der Eremitage der Speyerer Fürstbischöfe.

Mit dem vorliegenden Buch hat sich der Autor nun einen Herzenswunsch erfüllt, selbst einmal mit einer eigens verfassten Publikation über das Schwetzinger Schloss ein interessiertes Publikum mit seinem Wissen und Können zu erfreuen. Diesem Werk vorausgegangen ist bereits sein Buch *Mannheim, Haupt- und Residenzstadt der Kurpfalz* – ein Führer durch das historische Mannheim der Kurfürstenzeit, in gleicher Ausstattung und im selben Verlag erschienen.

Herzlichen Dank

Für die Mitarbeit an der Realisierung dieses Buchprojekts bedankt sich der Autor ganz herzlich bei:

Herrn Wolfgang Schröck-Schmidt, Kunsthistoriker am Schloss Schwetzingen, für seine vielen Informationen und die fachliche und engagierte Beratung beim Erstellen zahlreicher Bildmotive.

Herrn Joachim Kresin, Stadtarchiv Schwetzingen, für sein Geleitwort und seine freundliche und hilfsbereite Mitarbeit beim Durchsehen der Bildmotive und Texte.

Herrn Dr. Ralf Wagner, Konservator für Schloss Schwetzingen der SSG Baden-Württemberg, für seine geschätzte korrigierende Beratung für die Bildmotive.

Frau Sandra Moritz, Schlossverwaltung Schwetzingen, für ihr Interesse am Buch und der Gewährung zahlreicher Bildrechte.

Herrn Bruno Winkler, WMXdesign GmbH, Heidelberg, für die technische Unterstützung beim Erstellen des Buches.

Herrn Michael Kohler und seinem Team des Verlags Regionalkultur, Ubstadt-Weiher, für die hilfreiche und angenehme Zusammenarbeit, die Schlusskorrekturen und die Übernahme von Herstellung und Vertrieb des Buches.

Bild- und Textinformationen

Kurt Martin, Die Kunstdenkmäler des Amtsbezirks Mannheim – Stadt Schwetzingen Verlag C. F. Müller, Karlsruhe, 1933.

Rudolf Haas, Die Pfalz am Rhein. Südwestdeutsche Verlagsanstalt Mannheim, 1974.

Hans und Marga Rall, Die Wittelsbacher in Lebensbildern. Verlage Styria/Pustet, 1986.

August Koob, Schwetzinger Geschichtstruhe. Schwetzinger Verlagsdruckerei, 1977.

Rudolf Lehr, Adolf Gängel, Vom Rhein zum Taubergrund. Ereignisse und Gestalten Rhein-Tauber-Verlag Sandhausen, 1976.

Stadt Schwetzingen – Joachim Kresin, Lars Maurer, Schwetzingen – Geschichte(n) einer Stadt Verlag Regionalkultur, Ubstadt-Weiher, 2016.

Lili Fehrle-Burger, Königliche Frauenschicksale zwischen England und Kurpfalz Kurpfälzischer Verlag Heidelberg, 1997.

Walter Laufenberg, Der Zwerg von Heidelberg. Engelhorn Verlag, Stuttgart, 1990.

Ernst Brauch, Das Hockenheimer Heimatbuch. Im Selbstverlag, 1933.

Markgräfin Sibylla Augusta von Baden, Vierfacher Handschreyn: unterschiedlich angemerckter Kunst-Speyß-Confitur und Medicinal Sachen. Kochbuch von 1688.

Abb. Seite 2, Johann Christian Mayer, Kleine Karte der Pfalz, 1773 (Ausschnitt). Generallandesarchiv Karlsruhe.

Abb. Seite 22: Kurfürst Ludwig V. Historisches Museum der Pfalz, Speyer.

Abb. Seite 34: Kurfürst Friedrich IV. von der Pfalz. Wittelsbacher Ausgleichsfonds.

Abb. Seite 44: Kurfürst Karl Ludwig, Seite 72: Kurfürst Carl Philipp, Seite 78: Perkeo. Kurpfälzisches Museum Heidelberg.

Abb. Seiten 126/127: Nicolas de Pigage, Schwetzinger Gartenplan 1762. Bayerische Verwaltung der staatl. Schlösser, Gärten und Seen, Gartenabteilung.

Offizin Zinnfiguren Werner Scholtz, Berlin.

MARCHIVUM – Mannheims Archiv – Haus der Stadtgeschichte und Erinnerung.

Impressum

Titel: Schwetzingen. Wasserburg, Jagdschloss und Sommerresidenz der Kurfürsten von der Pfalz
Untertitel: Fantastische Impressionen aus einer fernen Zeit
Bildkompositionen, Fotos, Texte und Layoutgestaltung: Manfred Bender, Hockenheim
Herstellung: verlag regionalkultur

ISBN: 978-3-95505-431-1

Bibliografische Information der Deutschen Nationalbibliothek:
Die Deutsche Nationalbibliothek verzeichnet diese Publikation in der Deutschen Nationalbibliografie; detaillierte bibliografische Daten sind im Internet über http://dnb.dnb.de abrufbar.

Diese Publikation ist auf alterungsbeständigem und säurefreiem Papier (TCF nach ISO 9706) gedruckt entsprechend den Frankfurter Forderungen.

verlag regionalkultur
Ubstadt-Weiher · Heidelberg · Stuttgart · Speyer · Basel

Verlag Regionalkultur GmbH & Co. KG
Bahnhofstraße 2 · 76698 Ubstadt-Weiher
Telefon: 07251 36703-0 · Fax: 07251 36703-29
E-Mail: kontakt@verlag-regionalkultur.de
Internet: www.verlag-regionalkultur.de